銀行ルネサンス

Renaissance of the Bank

吉田重雄――著
Shigeo Yoshida

一般社団法人金融財政事情研究会

はじめに

筆者が本書を書いた理由は、銀行および銀行員が経済社会において真に信用され、信頼される存在に立ち返ってほしいとの願いがあるからです。銀行は、日本経済がいかなる状況のときであろうが、銀行業務を真っ当に行うことによって、経済社会の安定的な発展のために尽くさなければいけません。しかしながら、バブル経済が崩壊して以降二〇年が経過した現在、銀行は業務遂行においてバブル期の悪しき生活習慣病的な考え方が残っているように思われます。それは銀行の利己的な行動になって現れています。その一つは、銀行が行っている業務は、成果主義のもと、数字競争の様相を呈していることです。

銀行も私企業であり、自ら利益を追求することに問題はありません。問題視されるべき点は利益のあげ方です。銀行が得る利益は、真っ当な銀行業務を行って得るものに限られるべきです。しかし、貸出業務においては、銀行員としてのレベルとモラルの低下によって、真っ当とはいえない行為が行われているようです。貸出業務に携わる人は、取引先の事業経営に資することをどれほど真剣に考えているでしょうか。経営実態や事業内容を詳しく知り、取引先の発展のために価値ある仕事をしなければいけないのに、ボリュームと利益という数字だけを追っていないで

しょうか。真っ当な貸出業務で得る利益だけでは目標数値に達しないとき、意図的・作為的な数字づくりが行われていませんか。

昨年、ドラマ『半沢直樹』が高視聴率で話題になりました。元銀行員である筆者のところに他業界にいる友人たちからドラマの内容について質問のメールがいくつもきました。銀行内部の実態を知らない人たちにしてみれば、ドラマで展開される銀行内の人間関係や取引先とのやりとりに驚かれたと思います。もちろん、ドラマでは現実にありえない場面もありましたが、事実に近いことも描かれていたことは、銀行員であればわかります。銀行員がドラマを観て、客観的に世間の目にはおかしいと思われることが自分が勤める銀行において現実にあっても、おそらくだれもそれを自行のなかで正そうとする人はいないと思います。むしろ、銀行員もこのドラマを観て「おもしろい」と感じたことが現実に行われているのではないかと思います。

銀行はいまこそ正道に立ち返らなければいけません。銀行員は王道を歩み、信頼を回復しなければいけません。正しくない行為であるとわかっていながら、それを止められない銀行員は、自分の生き方は間違っていないかと、自らに問い掛けてください。仕事のマンネリを打破する方法は、習慣的に行っていることを批判的に否定することから始まります。しかし、多くの銀行員は「ゆでガエルシンドローム」(注)状態になっていると思います。批判的精神をもたない、そして現状に危機感さえ感じていない人のほうが多いと思われます。

(注)「カエルは熱湯の入った桶に入れられると、死にたくないから桶から飛び出してしまう。しか

し、水の入った桶に入れてゆっくりと温める。そうするとカエルは徐々に熱くなっていくことに慣れ、いつの間にか、ゆでられて死んでしまう」

筆者は、銀行の現実を直視し、何が問題点であるかを指摘し、考えるべき方向性を指し示したいと考え、本書を執筆しました。

まずは、日産自動車のカルロス・ゴーン著『ルネッサンス―再生への挑戦』の「はじめに」に掲載された文章を紹介したいと思います。ご存知の方が多いと思いますが、日産自動車は一九九〇年代後半に経営危機に陥り、倒産寸前の状態になりました。一九九三年三月にフランスの自動車メーカーのルノーと資本提携を結び、同社の傘下に入り更生が図られ、日産自動車は復活しました。カルロス・ゴーン氏は日産自動車の立直しで経営手腕を発揮しました。この本は、同氏が書いた日産自動車立直しを描いたものです。同氏は、著書の「はじめに」で次のように書きました。

「ルネッサンス―それは復興を意味する。（中略）中世ヨーロッパの人々は、人は地上では苦しみを強いられるが、死ねば天国で永遠の報いを受けられると信じ、疑うことなく運命を受け入れた。「なぜわれわれはここでこうしているのか」と問われれば、彼らは口をそろえて「なぜならわれわれは常にこうしてきたからだ。これは神の定めなのだ」と答えただろう。しかし、ルネッサンスの到来とともに、ヨーロッパの人々は再び人間を存在の中心に置く

ようになった。彼らはそれまで受け入れていたやり方と牢固たる信念に挑戦した。古いドグマを捨て去り、物事を批判的に分析する思考方法を身につけ、目を開いていった。そして、芸術と科学の再発見へ、さらには新世界への旅へと乗り出していったのである。

今日、日産自動車ではもうひとつのルネッサンスが進行中である。

かつて日産がしがみついていた考え方とやり方は、グローバル市場の試練と必然性によって時代遅れとなり、日産には倒産の危機が訪れた。社員の多くは変革の必要性を感じていたが、これまでのしがらみに縛られて有効な手を打つことができなかった。

日産リバイバルプランは、経営の中心に社員を引き戻すことによって、日産ルネッサンスの幕を開けた。社員たちは従来のビジネス手法の有効性を問い直し、安穏としていた心地よい伝統に果敢に挑戦し始めた。」（傍線は筆者）

本書は、日産自動車の社員たちが自ら変革の必要性を痛感し、進んでリスクを引き受け、いかにして会社への自信と誇り、そして自分の自信を取り戻したかの物語であり、それをカルロス・ゴーン氏は「日産ルネッサンス」と称しています。

銀行員としてこの文章を読むと、経営職階にいる者から若手行員に至るまでの多くの人たちは、銀行にもルネサンスを起こす必要性を感じるのではないでしょうか。

某経済評論家は「銀行の常識は世間の非常識」と言っています。それは、銀行の独善的な論理

がそのまま世の中に通用するものであるという錯覚が銀行内にあることを指摘して、そのように言っています。また銀行員は、銀行組織の内部だけしかみていないため、内部に合わせた意見しか出せなくなっていることも原因の一つかと思います。

すなわち、銀行内における仕事のやり方が、いつしか銀行内の常識として通用し定着し、それを常識とする考え方が組織を支配し、ほとんどの銀行員はその思考に拘束されています。行内において常識といわれるやり方に疑問をもち、批判的な意見を言うことは非常に大きな勇気を必要とします。その結果、変革する必要性を感じていることがあっても、それを行動に移すことができず悩んでいるのが実態ではないでしょうか。銀行の経営職階にいる人たちも、新たな発想で大きな改革を目指す必要性を感じても、前任者や先輩たちのやり方を否定することになりかねないという意識があって改革に踏み切れないようです。銀行業界には、ゴーン氏のように他から経営トップとして会社に入って、辣腕で経営改革が行われることは期待できません。だからといって、いまのままでよいのでしょうか。

バブル期以降、銀行は経済社会における「銀行本来の役割」を見失っていないでしょうか。銀行員は、銀行員としての「本来のあるべき姿」「矜持」を見失っていないでしょうか。銀行は、銀行が公共的使命に基づく社会的存在であるという意義を忘れ、「信用秩序の維持」より「数的目標」や「収益増強」ということに目がいっているように思います。いまの銀行員は、「銀行員

としての本来のあるべき姿」という大義を考えることよりも、ボーナスや昇進・昇格に結びつく実績考課基準や人事評価尺度のほうに関心があるようです。その基準となる価値観や尺度は中世ヨーロッパにおけるキリスト教的世界観のごとき存在になって、銀行員はその基準となる考え方や評価尺度の適用・運用の方法に疑問に感じるところがあっても抵抗する者はいません。

中世ヨーロッパではキリスト教的世界観に異を唱えることができなかったように、銀行員も本部施策や上司の指示命令等に対して、異論・反論を唱えると人事的不利を被るおそれがあると知っているため、長いものに巻かれ、ノンポリを標榜したほうが無難であることを知っているからです。そのために、実績考課基準や人事評価尺度に疑問を感じることがあっても、それに自分をあわせるような行動をとる者が少なくありません。顧客・取引先から求められるニーズに応えることより、実績考課基準や人事評価尺度で求められる項目の営業を優先して行っているようにみえます。すなわち、いわれたことはやるが、いわれないことは積極的にやらない人がいます。このような仕事のやり方・進め方に疑問をもち、変革の必要性を感じている銀行員もいますが、組織の呪縛を意識して有効な動き方ができないでいると思います。

まるで、カトリック教会の天動説に対し、地動説を唱えても受け入れられなかった中世ヨーロッパの状況みたいではありませんか。コペルニクスは地動説を発表することによって惹起する影響をおそれ、自著『天体の回転について』は彼の存命中は出版しませんでした。ジョルダー

ノ・ブルーノはコペルニクスの地動説に賛成したため、火あぶりの刑に処されました。ガリレオ・ガリレイも天動説は間違っているとして地動説を主張しますが、処刑を避けるために宗教裁判では地動説を放棄し、「それでも地球は回る」と言った話は有名です。

銀行・銀行員は、銀行・銀行員としての本来のあるべき姿に立ち返ることで、真の意味で経済社会に役立たなければいけません。銀行は、信用という質の問題を収益という量（数字）で解決できないことを知るべきです。そのためには、いままで受け入れてきた考え方ややり方を見直すことから始めなければいけません。疑うことなく習慣的に行っていることのすべてを、批判的精神をもって見直すことが求められます。

銀行は業務に必要な専門知識を深く学び理解した者より、数字を伸ばした者をより高く評価します。また、顧客から目にみえない信用・信頼を得た者より、目にみえる数字の大きさを評価しています。銀行にとって、銀行員にとって、本当の重要な価値尺度はどこに求めるべきでしょうか。銀行が求める数的目標値に貢献した者と、顧客を満足させ、高い信頼を得た者とどちらが銀行にとって評価すべきでしょうか。銀行業務を通して経済社会に与えることができる本当の価値とは何かを見極めることが大事です。そのためには、銀行員は自分の心で感じたことを大事にして、自分の頭で考えなければいけません。

銀行に行動改革を、銀行員に意識改革を……、そして、あるべき姿の自分と、誇れる銀行を取

り戻すことが大事です。そのためには何をどうしたらよいか……、筆者は「再生」という意味で「ルネサンス」という言葉を使いましたが、それは銀行に革命的変化を求めるものではなく、銀行員一人ひとりが世間一般の良識をもって、当たり前のことを当たり前に行うという簡単なことから始めればよいと思います。

近江商人の経営理念に「三方よし」というものがあります。商取引においては、当事者の売り手と買い手だけでなく、その取引が社会全体の幸福につながるものでなければならないという意味を、「売り手よし、買い手よし、世間よし」という言葉で表しています。すなわち、近江商人は、社会の一員としての意識をもって商売を行わないと、永続的な存続も繁栄もありえないということを知っていました。

この「三方よし」の精神は、経済社会において良識ある企業市民を目指す銀行にとって示唆するところは大きいと思います。それは、まさに真の意味で顧客満足（CS）を高め、社会的責任（CSR）を果たし、社会貢献を促すことに通じるからです。

銀行員であるすべての人、新人から経営者までの方々に、まっさらな目で銀行の現実を直視してほしいと思います。「三方よし」の精神にのっとった業務を行っていますか。「銀行だけよし」という仕事をしていませんか。

銀行・銀行員は、社会から信頼される銀行の姿、銀行員としての矜持はどのようなものである

かをいま一度考え、銀行再生のために原点回帰する必要性を感じていただき、それを実行に移すことが求められています。本書は、銀行と銀行員に対して、筆者が想うところを指摘し、自らの意見を書きました。筆者の指摘したことについて、「問題があるとは思わない。指摘していることは理想論であり、建前やきれいごとを言っても数字は伸びない、業績はあがらない」という銀行員は重症患者です。健全な懐疑心と批判的精神で現実を直視すれば、自ずと行動改革と意識改革の必要性を感じるはずです。

アベノミクスによって今後日本経済が順調に回復軌道に乗るとき、また少子高齢化の社会が到来するとき、銀行はいまの延長線上にあってよいのでしょうか。いまこそ、銀行はルネサンスを起こさなければいけないと考えます。地域社会における経済活動のみならず、銀行としての文化・伝統を発展させるためにも、銀行ルネサンスは必要です。

バブル期以降の悪しき生活習慣病である数字至上主義、収益至上主義、成果主義に基づく業務をこのまま続けていると、銀行は経済社会から信頼されない存在となり、信用の回復はできません。

本書の内容について、多くの銀行・銀行員が議論することを願ってやみません。

二〇一四年七月

吉田　重雄

目次

プロローグ

1 現実を直視する——現場から寄せられた生の声……2

2 銀行ルネサンスの意味……10

第1章 銀行業務の本質を考える

第1節 銀行の本業とは……20

第1項 「銀行業」の定義……20

第2項 銀行の業務範囲……21

第3項 銀行・銀行員の本業に対する意識……22

第2節 銀行法で業務の範囲を知る……30

第1項 固有業務……30

第2項　付随業務……31
第3項　他業証券業務等……33
第4項　法定他業……36
第3節　預金業務の意義……38
第1項　預金に対する意識……38
第2項　本源的預金と派生的預金……41
第3項　預金者に対する情報の提供……42
第4項　「預金は借金なり」……44
第4節　貸出業務の意義……47
第1項　貸出業務の本質を考える……47
第2項　貸出業務に対する世間の批判に答える……55
第3項　貸出判断能力をチェックする……61
第4項　金利競争ではなく価値競争で勝つ……68
第5項　「信質」という考え方……74

第2章 銀行におけるコンプライアンスを考える

第1節 「早割り・早貸し」を事例にしてコンプライアンス意識を考える……80
第1項 〈事例〉筆者の研修講義……80
第2項 〈事例〉に対する筆者の所見と説明……85
第3項 〈参考〉投資信託の回転売買を意識した金融庁の監督指針改正……91
第2節 銀行員のコンプライアンス意識……93
第1項 銀行のコンプライアンス経営……93
第2項 コンプライアンスとモラル……98
第3項 銀行におけるコンプライアンス態勢……101
第4項 コンプライアンス経営の実態……109
第3節 銀行法第一条（目的）を理解する……114
第1項 銀行法第一条（目的）……114
第2項 公共性……117
第3項 信用の維持……120
第4項 預金者の保護……125

第5項　金融の円滑……129
第6項　健全かつ適切な運営……134
第4節　銀行業務と法律・道徳倫理の問題……137
第1項　遵守するべき法令等……137
第2項　法と道徳……141
第3項　経済と道徳……144
第4項　銀行員の職業倫理を考える……147

第3章　銀行における人材育成を考える

第1節　銀行業は免許制……154
第1項　銀行法第四条……154
第2項　免許制の銀行業務を行う銀行員……156
第3項　免許の対象業務は固有業務だけ……159
第2節　バランスシートによる人材管理……161
第1項　人的資産の棚卸し……161

第2項　人的資産を数字で管理する……163
第3節　若手行員に対する教育……165
第1項　若手行員の就職意識……165
第2項　若手行員の基礎づくり……168
第3項　「志」をもつことが重要……171
第4節　人材育成の実態と問題点……175
第1項　新人教育……175
第2項　研修所（研修担当者）の役割……180
第3項　ＯＪＴ教育の重要性……185
第4項　管理職者研修が必要……188
第5節　人材育成の本質……194
第1項　信質教育……194
第2項　相互啓発……198
第3項　道徳教育……202

第4章　銀行組織の原理と銀行員のあるべき姿

第1節　銀行組織の特徴……208
第1項　銀行は家元制度的な共同体……208
第2項　「官僚的」「民僚的」ということ……212
第3項　銀行組織の問題点を「官僚制の逆機能」で考える……216
第4項　支店は本部に従属するものか……223
第2節　銀行員のあるべき姿……228
第1項　自分の頭で考える……228
第2項　だれが言ったかより何を言ったかが大事……238
第3項　健全な懐疑心・常識を疑う力をもつ……244
第4項　自己啓発の重要性……249
第5項　良好な人間関係を保つ……260

第5章 目標設定・実績・評価制度を考える

第1節 銀行の目的・銀行員の目的……268
第1項 目的と目標の違い……268
第2項 銀行の目的……271
第3項 銀行員の目的……274
第2節 目標設定について……276
第1項 定量的目標と定性的目標……277
第2項 目標管理と人事評価の関係……280
第3項 目標管理制度の本質……282
第4項 目標管理とノルマの違い……284
第3節 実績について……287
第1項 「結果がすべて」という考え……287
第2項 「プロセスが重要」という考え……291
第4節 結果とプロセスのどちらが重要か……296
第5節 評価制度について……301

第1項　〈事例研究〉……301
第2項　〈事例研究〉に関する筆者の講義……303
第3項　人事評価制度のあり方……307

第6章　銀行ルネサンス

第1項　心を変える……312
第2項　小さいことから始める……316
第3項　先人に学ぶ……321
第4項　ルネサンス……326

あとがき……329

プロローグ

1 現実を直視する

——現場から寄せられた生の声

筆者は、この数年間に約四〇の金融機関に行き、貸出業務に関する研修の講師を務めてきました。支店長クラスから若手まで、一五〇回を超える研修を行ってきたなか、いろいろな声に接しました。銀行の支店という現場で起きていることを生で語ってくれる声を聞くとき、銀行はこのままでいいのかと思わざるをえません。

まずは、筆者に寄せられた生の声を読んでください。

一つ目は、A地方銀行に勤務する行員から頂戴した手紙の一節です。

「今、どの金融機関においても貸出残高の伸びは停滞しています。景気が低迷して、企業の資金需要がないからです。だからといって不良債権につながるような貸出は、健全性の見地から応じ難いものとなります。

このようなジレンマでもがく中、頭取から全店の支店長に向けて檄が飛びます。「貸出残高が全然伸びないが、このままでは大変なことになるぞ。一体、どうするつもりだ」という調子で。そして、本部から各支店へ課されるノルマ（目標数字）は通常ベースの営業努力で

はとても達成できない数字となってきます。と同時に三月・九月などの節月においては、何とか目標数値を必達しろとかなり厳しい指示がきます。「死ぬ気になってやれ！」と。（死んだら何もできないと思うのですが⁉）

先月（三月）、本部指示を受けた支店長から私たちに命令が下りました。私は「またか」と思い、その命令には食傷気味でこのやり方には以前から疑問を感じていますが、支店長命令なのでやるしかありません。

具体的にいいますと、期末日の末残を大きく膨らませ見せかけの数字を作るべく、資金需要はないけれど安心して貸せる先に、恥をしのんでごく短期間の借入れをお願いするのです。お客様は借りる必要性はないので、お客様には支払う必要がない利息を無駄に支払ってもらうことになります。だから、普通の精神を持っている銀行員なら心が痛みます。しかし、当行ではどの支店でもこれが普通に行われているので、私だけが〝やれません〟とは言えず、お客様にお願いするしかありません。そして、数日間という極短期の貸出を実行し、期末日を越えた時点で返済してもらいます。期末日の末残だけかっこつけた貸出ですが、これでも実績は実績です。表面的にはとにかくノルマ（目標）は達成できますが、実態が伴わない空しい仕事だと感じます。

この他にも数字作りのおかしなやり方が常態化しています。お客様第一といいながら、

「一体、自分は何をやっているんだ」と自己嫌悪に陥り、情けない気分になって落ち込んでしまいます。」

二つ目は、B地方銀行の行員から寄せられた川柳です。

目標値　「なんとかしろ」と言うばかり
支店長　得意技は　部下任せ
数字だけ　管理している　支店長
報告を　求めるだけで　指示はなし
報告が　気に入らないと　怒り出す
「うまくやれ」　具体策なしは　いつものこと
真剣に　顔だけ前向き　良い子ぶり
聞くふりし　腹の中では　「できません」
静けさや　部屋に染み入る　上の指示
支店長　本部向けに　「頑張ります」

支店長　部下に対して「何とかしろ」
明らかに　無理な数字を　どうするの
自分でも　できないことを　知っている
「頑張ろう」　肩たたかれて　不快感
結局は　お願いベースで　頼むだけ
形だけの　数字作りは　粉飾じゃ！

このような手紙が外部講師の私に届くということはどういうことでしょうか。おそらく行内では言えないフラストレーションを吐き出しているとしか思えません。この二つの手紙に書かれていることは特別なケースであって、ここに書かれていることは、他の銀行ではありえない話なのでしょうか。

筆者は、多くの銀行においてこのような実態があるように思えてなりません。なぜならば、このような手紙をいただかないにしても、筆者に対して言葉による愚痴や相談はたくさんあります。その話に接するとき、作り話とは思えませんし、話し手の真剣な悩みや想いが伝わってくるからです。

そのような現実・実態を経営者、支店長などは知っているのでしょうか。おそらく経営者も支

店長も知っていると筆者は思います。なぜならば、経営者も支店長も同じことをやってきて、いまのポストに就いたと思われるからです。であるならば、このようなことを書いた者の心情は理解できるのではないでしょうか。しかし、経営者も支店長も、自分が置かれている立場上、このようなやり方に今になって疑問を感じたとしても、それをやめられない空気が銀行のなかにはあるのだと思います。

筆者は、そのような状況があることを説明するとき、司馬遼太郎著『空気の研究』（一九七七年、文藝春秋）の話を用います。そこには次のように書かれています。

「あらゆる議論は最後には「空気」で決められる。最終決定を下し、「そうせざるを得なくしている」力をもっているのは一に「空気」であって、それ以外にない。」（同書一二頁）

「「せざるを得なかった」とは、「強制された」であって自らの意志ではない。そして彼を強制したものが真実に「空気」であるなら、空気の責任はだれにも追及できないし、空気がどのような論理的過程をへてその結論に達したかは、探求の方法がない。だから、「空気」としかいえないわけだが、この「空気」と「論理・データ」の対決として「空気の勝ち」の過程が、非常に興味深く出ている一例に前述の「戦艦大和」がある。」（同書一四頁）

筆者も同書の考え方を引用し、『貸出業務の信質』（二〇一二年、金融財政事情研究会）では、戦艦大和の無謀な特攻計画について次のように書いています。

〈寄り道〉　吉田満著『戦艦大和ノ最期』（『吉田満著作集（上巻）』、一九八六年、文藝春秋）より抜粋。

「兵学校出身ノ中尉、少尉、口ヲ揃ヘテ言フ「国ノタメ、君ノタメニ死ヌ、ソレデイイジャナイカ、ソレ以上ニ何ガ必要ナノダ……」

学徒出身士官、色ヲナシテ反問ス「〜ソレハドウイウコトニツナガルノダ。〜コレラ一切ノコトハ一体何ノタメニアルノダ」

遂ニハ鉄拳ノ雨、乱闘ノ修羅場トナル……。

痛烈ナル必敗論議ヲ傍ラニ、哨戒長臼淵大尉……、低ク囁ク如ク言フ「進歩ノナイ者ハ決シテ勝タナイ、負ケテ目ザメルコトガ最上ノ道ダ〜」

〜これを読むと、正論と名誉が衝突し、結果は無謀であると知りながら名誉を重んじる空気が大勢となり、無謀な出撃をして戦艦大和は沈没しました。

純粋な気持ちをもち、行動するに際し納得する理由を求める若い貸出担当者を学徒出身者、昔から慣習的に行ってきた手法にこだわり、古い考え方で凝り固まった役職者を兵学校出身者に置き換えてみると、銀行においても問題点について正面から議論することなく、若い担当者の主張を超える古くて重い空気が方向性を決めているように思えます。議論の内容より、だれがいっているのかという言い手に関心が行くような組織は堕落しているとしかい

いようがありません。

数値目標を達成するために無謀な貸出を行い、それが不良債権になったとき、「あのときの空気では、ああせざるをえなかった」ということですませることでよいのでしょうか。」

（前掲書四七頁）

銀行における「空気」とは何か？　それは目にみえない「掟」といえるものかもしれません。規定や標準手続とは異なり、非明示的なものといえます。経営トップや支店長から、繰り返し発せられる発言や、繰り返し示される指示・態度が、無形の文化となり、常識化されていくのです。それは、その銀行の「行風」となって、共同体の共通認識のようになっているものといえます。

この「銀行の掟」が「空気」となって、論理的な考え方を駆逐することがあるのです。正論が「空気」に押し流され、負けることがあるのです。論理的根拠をもって地動説を唱えても、天動説がローマ教会の空気であるとき、地動説（論理的思考）は天動説（空気）に勝てなかったように……。

たとえば、経営トップが「コンプライアンス」「顧客第一」と論理的に話していても、具体的な収益目標数値が示されると、銀行の空気は収益確保に沿う行動をとるのは、銀行員に「いわれなくても真意を察して判断し、行動する」という傾向があるからです。

高度成長時代の日本には「企業戦士」という言葉がはやりました。日本の経済発展、自分の会社の成長に貢献するため、家庭を犠牲にして、身を粉にして働くサラリーマンのことを「企業戦士」といっていました。

昨今、そのような「企業戦士」という言葉を聞くことはありませんが、筆者が研修を行った多くの銀行で見聞きする銀行員のいまどきの姿は、「企業戦士」とは異なる意味で「銀行人間」という特徴で言い表せると感じました。

筆者が「銀行人間」という銀行員の特徴は、銀行という組織に強い思い入れや思い込みを抱き、銀行組織に対して過剰に同調し、何事に関しても異議を挟まない人といえます。そのこと自体に悪いイメージをもつことはありませんが、ポイントは銀行組織に過剰にのめり込み、健常な自我概念を維持することを忘れた人ともいえます。また、「銀行人間」といわれる人たちの仕事上の大きな関心事は、経済社会の発展や銀行の公共性に対する意識ではなく、銀行自体が社会のすべてであると思い込み、銀行が収益をあげることが社会の利益であると思い、そこで実績と評価を得ることに最大の喜びを感じる人といえます。

「銀行人間」という言葉は「企業戦士」と似ているようで違います。その違いは、身を粉にして働くことは同じでも、その延長の先に企業が成長し社会に貢献する姿を感じることで働く喜びを意識するのが「企業戦士」ですが、「銀行人間」は、社会への貢献のためというより銀行の収

益のために働き、自分の実績と能力が評価されることに喜びを感じていることです。すなわち、「銀行人間」は、目標達成のために過剰に銀行組織に同調することに違和感を感じず、世間一般の道徳倫理観より、銀行内で常識とされる掟を優先させる危うさをもっています。正しい道徳倫理観をもって自らの行為の善悪の判断をすることなく、銀行組織にぶら下がっているだけのようにみえます。それは中世ヨーロッパがキリスト教の考え方に支配されていた状況と同じように、銀行人間は自分が勤める銀行を信奉する宗教集団の一員といえるかもしれません。

2 銀行ルネサンスの意味

1 ルネサンス（Renaissance）とは、ギリシャ・ローマ文化の「再生」を意味する言葉です。世界史の教科書では「文芸復興」と訳されていましたが、ルネサンスは古典文化の復興にとどまらず、人間精神の革新を求める文化運動ともいえます。

中世のヨーロッパの人々は、キリスト教（具体的にはカトリック教会）が定めた規制や世界観に束縛されていました。カトリック教会は、来世に天国に召されることを人生の目的と説き、人々は現世では苦しみを強いられるが、天国で永遠の報いを受けられると信じていました。

しかし、人々は現世をより良く楽しく生きることが人間らしい生き方であると考え始めまし

た。そして、人間中心の新しい生き方の手本をキリスト教以前の古代ギリシャ・ローマ人の生活や考え方に求めました。古代ギリシャ・ローマの学問や芸術には、キリスト教が教える原罪とか最後の審判とか、死んでから復活するという教義はありません。この古代ギリシャ・ローマの文化研究のことをヒューマニズム（humanism）といい、「人間性の尊重」「人道主義」と訳されています。

では、筆者が唱える「銀行ルネサンス」という意味は何か？　まずは、現在銀行が行っている業務は経済社会でどのように受け止められているか考えてみることが必要です。また、銀行員はいまの自分の仕事に誇りをもち、やりがい・生きがいを感じているか……、自らに問いかけてみてください。銀行が掲げるスローガンは「顧客第一」「顧客満足」といいながら、実態は自分目線（「自分第一」「自分満足」）になって、数的目標の達成が銀行のため、自分の評価につながるという意識が先に立ち、未熟な業務知識レベルであるにもかかわらず自己啓発の向上心は薄く、道徳倫理観を忘れ、数字至上主義・成果主義に踊らされて銀行業務を行っていませんか。

銀行員は道徳倫理観に基づく正しい考え方に基づき、常に顧客目線に立ち、真に顧客の事業経営に資する情報と付加価値を提供し、顧客に喜ばれる仕事をしなければいけません。そのような生き方をするべきだということに気づかなければいけません。銀行員が意識改革を行うことによって、銀行は経済社会に信用され、信頼されることにつながるのです。そのためには、バブル

経済期からバブルが崩壊し現在に至るまでの銀行の姿、業務遂行のやり方を見直し、経済社会・顧客から信用と信頼を取り戻さなければいけません。そのために銀行員としての本来の役割、仕事の本質、そして銀行員としての生き方、等々を自ら考え直すことが必要です。

銀行員としての生きがいは、真に経済社会に役立ち、真に顧客・取引先の発展に資する仕事を通じ、正義に生き、矜持をもてなくてはいけないということです。道徳倫理観を忘れ、数字至上主義・成果主義で評価されることに喜びを感じることが銀行員の生き方だと思っていることは間違いであると気づかなければいけません。

あなたは、現在担当している業務に関して、基礎知識は当然としてもち、顧客・取引先から信頼され、感謝される仕事をしていますか。業務遂行に必要な知識が未熟であることを自覚していながら、自己啓発に真剣に取り組んでいない自分がそこにいませんか。知識に自信はないが、数的目標を達成すれば顧客・取引先から信用と信頼を得られると思っていませんか。自分に与えられた数字目標さえ達成すれば仕事を立派にやっていると思っていませんか。数字競争に勝ち、他人より早く昇格昇進することが人生の目標であり、銀行員としての喜びなのでしょうか。

2 銀行の行動原理は他行との数字競争に勝つことであり、銀行員の行動原理は行内においては他店との競争、あるいは同期等の他者との競争において実績の優位性を追求することが目的になっているように思います。銀行の経営は他行との数的勝負の競争に勝つことによって、市場

シェアを高め、株価をあげ、銀行の収益増大を図ることをねらい、銀行員は収益額とボリュームの数字の目標達成率等で比較評価されることから、何よりも数的優位を勝ち取るための行動を意識しているようです。収益を得ることは、銀行も私企業である限り必要であり、重要な経営課題であります。

筆者が気にするところは、銀行は他業界の企業と違って、公共的使命をもち、信用と信頼を基盤にしています。にもかかわらず、銀行は数的勝負の競争原理だけで行動しているようにみえるときがあり、それでよいのだろうかと思うときがあります。

銀行の競争は、数的勝負の競争だけでなく、信用と信頼を得るための価値競争で優劣を競うことが重要であると考えます。価値競争を行って勝つことが、結果的に数的実績につながります。しかし、多くの銀行は、価値競争の重要性を認識していないようです。銀行が価値競争を行わないとき、お金というまったく商品性が同じものを扱っている銀行間の競争は金利競争に陥る傾向があります。預金金利は他行より高くして預金を集め、貸出金利は他行より低くして貸出残高を伸ばすという経営は、自ら利鞘を縮小する経営を行うことになります。現に、総資金利鞘は低下傾向にあり、地銀・第二地銀とも、総資金利鞘の平均値は〇・三%を下回る水準にあります。このような経営でよいのでしょうか。

顧客が、取引を行っている複数の銀行を見比べたとき、サービス・情報等の付加価値が同じレ

ベル、あるいは付加価値が得られないならば、銀行選びは金利選好型になるのは当然です。預金する場合はより高い金利の銀行へ、借入れする場合はより低い金利の銀行へ行くことになります。

企業の目的は利潤の極大化にあるという旧来の考え方は、効率性を向上させて数的勝負に勝つための方法を考えます。そこには、時として手段を選ばないという行き過ぎが生じるおそれもあります。また、コンプライアンスに反するようなきわどいやり方が出てくるおそれもあります。最優先課題とされた収益を確保するためには、そのような方法で収益をあげることもやむをえないとする大甘な考え方で、銀行のやり方は免罪されることになります。バブル時代の銀行の貸出行動はまさにこのようにいえると思います。

筆者は、銀行経営は数的競争だけではなく、数字に表れない競争をもって業務の遂行を行わなければいけないと考えます。数的競争を効率性と収益性を目的とするならば、数字に表れない競争とは、人間性・社会性を重視する価値目標達成を目指すことです。

「人間性の原理」とは、人間尊重の思想に基づくヒューマニズムを意味しますが、銀行においては「インテグリティ（誠実さ）」を中心に置くべきであるという考え方です。行内においては、セクハラ、パワハラ等の差別の根絶はもとより、組織における序列間（上下関係、先輩後輩等）において、また顧客との関係において、誠実な人間関係と誠実な対応を根づかせることが大事で

あると考えます。

「社会性の原理」は、銀行と経済社会とのかかわりにおける配慮と貢献を追求し、銀行が社会的公共性をもった存在であることを重視する原理です。これはコンプライアンスの問題といえます。

銀行においては、効率性と収益性を目的とする数的目標達成は、私企業である限り有用・不可欠ですが、この目的だけを追求する銀行の施策は、あたかも中世ヨーロッパのキリスト教的世界観のようになっています。数的目標達成の原理は必要ですが、銀行がこれだけに偏った考え方と行動を進めることは、行員の人間性をゆがめ、経済社会から信頼を失うことになりかねません。その弊害を改め、銀行が真の意味で発展し、銀行員が本当の生きがいを感じるためには、銀行にルネサンスが求められるのです。

銀行の発展と、銀行員の幸福な生活のためには、銀行は効率性と収益性を目的とする数的目標を達成するだけではなく、人間性と社会性を重視する価値目標を意識することが重要であり、この二つは有機的な関係をもって推進しなければいけないと考えます。

この二つの原理が両立して、実現されることで、銀行の経営倫理が成り立つと思います。そのことで、経済社会において銀行の存在が共感されることになると思います。

3 「企業の社会的責任」という概念があります。コーポレート・ソーシャル・レスポンシビリ

ティの和訳で、ＣＳＲという略称でいわれています。多くの銀行は自行のＣＳＲについてホームページ等でその理念について触れています。

以下に、三井住友フィナンシャルグループのホームページに掲載されている「ＳＭＦＧにおけるＣＳＲ」を紹介します。

〈ＳＭＦＧにおけるＣＳＲの定義〉

事業を遂行するなかで、①お客様、②株主・市場、③社会・環境、④従業員に、より高い価値を提供することを通じて、社会全体の持続的な発展に貢献していくこと。

〈ＳＭＦＧのＣＳＲにおける共通概念〉

1. お客様本位の徹底
2. 健全経営の堅持
3. 社会発展への貢献
4. 自由闊達な企業風土
5. コンプライアンス

多くの銀行のホームページをみると、ＣＳＲに関する基本的な考え方はＳＭＦＧのそれと大きく変わりません。

このＣＳＲという概念が日本に導入された時期は、二〇〇三年頃といわれています。爾来一〇

年が経ちますが、銀行におけるＣＳＲの実態はどうでしょうか。この間、銀行は反社会的勢力と決別するため、銀行取引約定書、普通預金規定、当座勘定規定、貸金庫規定に暴力団排除条項を盛り込みました。しかしながら、昨年、反社会的勢力に対する融資の問題が社会的に大きくクローズアップされる事態が起きたことは残念です。

この一〇年間に、銀行業界以外においても企業の不祥事は数多く発覚しました。そして、企業にとって最も重要なことは法令遵守だ、企業倫理だ、という声が大きくなり、その流れはＣＳＲの核心はコンプライアンス＝法令遵守と認識されるようになっていったと思います。多くの銀行は、経営理念・経営方針に、「最も重要な経営課題はコンプライアンスである」と書いていることも、その表れかと思います。

もちろん、企業が法令を遵守することは社会的責任でありますが、社会的責任は法令遵守だけではないはずです。特に銀行においては、法令遵守は当然であり、それを超えた行動も社会から要請されていることを認識しなければいけないと考えます。それは、法的には拘束力はないものの、銀行の存在の基盤である信用と信頼の源である道徳倫理観から発生するものであると考えます。筆者は、銀行員は道徳倫理観を発揚する義務があると考えます。そのためには、ルネサンスの考え方が必要になります。

第1章

銀行業務の本質を考える

銀行は時代とともにいろいろな業務を幅広く行うことができるようになってきました。昨今はどの銀行も投資信託の販売に力を入れているようです。しかし、筆者が研修等において、銀行が投資信託の販売ができる根拠を尋ねても、それを正確に答えられる人はいません。銀行員は、銀行が行っているそれぞれの業務の根拠法を理解しないで業務に携わっているようです。コンプライアンス（法令等の遵守）が経営の重要課題であるといいながら、業法である銀行法に記されている業務の根拠条文について知らないようです。

銀行員が、「銀行業」と「銀行の業務の範囲」とについて正しく知ることは、法令遵守の第一歩です。あなたは、「銀行業」とは何か、銀行の「本業」は何であるか、そして「銀行の業務の範囲」について理解していますか。

第1節　銀行の本業とは

第1項　「銀行業」の定義

「銀行業」の定義は、銀行法第二条に次のように定められています。

銀行法第二条第二項

この法律において「銀行業」とは、次に掲げる行為のいずれかを行う営業をいう。

（一）預金又は定期積金の受入れと資金の貸付け又は手形の割引とを併せ行うこと。

（二）為替取引を行うこと。

右記定義が、「銀行業」の本質的な機能といわれるものです。条文に「併せ行う」と書いてありますが、これは与信業務と受信業務の両方を行うことを指し、その両方を「併せ行う」ことが銀行業であるとしています。したがって、貸付や手形の割引を行っているが、預金等の受入れを行っていない者（たとえば質屋、貸金業等）は銀行業とはいえません。

この定義によって、銀行は預金を受け入れて貸出を行うことが本来の業務であることがわかります。また、為替取引（隔地者間の資金授受）のみを行う者も銀行業であると規定しています。為替取引には内国為替と外国為替の両方が含まれます。

すなわち、銀行法で銀行業は預金・貸付・為替であると定義されており、これが銀行の本業です。

第2項　銀行の業務範囲

ここで留意すべきことは、銀行法第二条第二項は、銀行業として必要最低限の業務範囲を示し

たものであり、銀行が営むことができる業務の範囲を規定したものではないということです。

銀行が営むことができる業務の範囲は、銀行法第一〇条の制限の範囲内で、法が定める業務を行うことができますが、それらは「銀行業」そのものではありません。したがって、投資信託の販売は銀行の業務範囲（第2節で後述）のなかにありますが、その行為は「銀行業」ではありません。そもそも、投資信託の販売は、もともと証券会社が行う業務であることはだれもが承知していると思います。

前記のとおり、銀行法第二条第二項において「銀行業」の定義で示された行為（預金・貸付・為替）が「銀行の本業」であり、それは銀行法第一〇条で「固有業務」として明示されます。それ以外の業務は、「付随業務」「他業証券業務」「法定他業」といわれる業務です。これについては第2節で詳述します。

第3項　銀行・銀行員の本業に対する意識

1　銀行が間接金融機関といわれる理由は、預金を受け入れ、貸出を行うことの媒介を業としているからです。それは銀行の決算をみても明らかです。すなわち、銀行の貸借対照表をみると、預金は負債であり、その運用として資産に貸出金があります。預金は負債・資本総額の約九〇％を占めて、銀行の重要な資金調達であり、貸出金は運用資産の過半（銀行によって五〇～八〇％）

を占めていることから、預金と貸出が銀行における重要な本業であることがわかります。

現在、銀行はいろいろな業務を行っていますが、銀行員はこの本業に対する意識をどの程度もっているでしょうか。本業に対してその重要性をどのように認識しているでしょうか。

預金業務より投資信託の販売のほうが大事であると思っている人はいませんか。投資信託の販売は預金の減少につながります。預金の減少は貸出金の原資が減るということになります。これは銀行の本業が縮小するということです。貸出が伸び悩んでいるなか、投資信託の販売で収益を得る経営に口を挟むつもりはありません。それによって得る役務収益は増大していると思いますが、収益構造においては本業の貸出業務にはまだ大きく及びません。しかし、投資信託の販売によって収益目標を達成することだけしか考えず、その意義や影響などを経営の視点からみている人はほとんどいないと思います。

貸出業務は銀行の収益の柱であり、最も重要な本業であるにもかかわらず、昨今の銀行の貸出業務のレベル低下にはひどいものがあります。判断力の低下を憂う前に、業務遂行に必要な知識さえもっていないように思います。

筆者は、貸出業務に関連する書籍を執筆し、貸出業務の研修講師を数多く行っています。全国の銀行に赴き、貸出業務の研修を行って筆者が感じることは、支店長から若手行員まで、貸出業務に携わる多くの人が貸出業務に関する知識について勉強不足を感じます。筆者が言った「決算

書さえ読めない銀行員がいる」は、二〇一三年九月四日の日本経済新聞記事および電子版で取り上げていただき、記事になりました。

そこで筆者が不思議に思うことは、銀行・銀行員の本業意識はどれほどのものかということです。

投資信託の販売は銀行の本業ではありません。しかし、証券外務員試験で外務員資格を取得しなければ投資信託の販売を行うことはできません。したがって、銀行は行員に同試験の勉強をさせ、資格取得を義務づけています。

筆者は、銀行は新入行員に対しては、まず銀行の本業といわれる業務に関する勉強を優先させ、他の業務に必要な勉強は本業に必要な知識を身につけてからでもよいのではないか思います。実際、研修講師として、銀行員の本業である貸出業務の知識は乏しく判断力も低い実態を知ると、貸出業務に関する知識レベルを問う試験はないのに、他業態の商品を売るための勉強を優先させていることに疑問を感じます。本業である貸出業務ができない者に、投資信託の販売目標を課すということにだれも疑問を感じていないのでしょうか。新入行員に、銀行業を教える前に、証券業を学ばせて目標を課すという指導教育を行うことでよいのでしょうか。

銀行によっては、入行前の内定者に証券外務員試験の勉強をさせているようです。入行してからでは他にも勉強してもらうことがたくさんあるから、入行前であれば時間もあるし、内定者は

銀行からの指示に素直に従って勉強してくれるという思惑が銀行にあるのでしょう。入行する前の内定者に対して、証券外務員試験を勉強させることの意義や必要性等についてしっかり説明しているのでしょうか。おそらく、そのような説明をせず、講義もせず、日本証券業協会のテキスト数冊を渡し、「入行式までに読んでこい」という指示だけかと思います。銀行員としての心構えや、銀行の本業を教える前に、このようなことを行う教育は正しいのでしょうか。

2 銀行が投資信託の販売に力を入れる要因は、貸出の低迷と新たな収益源の確保という課題が背景にあると思います。また、その手数料収益は魅力的であると思います。投資信託の販売によって銀行は収益を確保することはできますが、ここで立ち止まって考えてみてください。

銀行は金融業態の垣根が低下するなか、投資信託だけでなく本業以外のいろいろな業務を行うことができるようになりました。しかし、法的にも実際的にも、預金・貸出・為替が銀行の本業であることは間違いありません。筆者が懸念していることは、銀行・銀行員の本業に対する意識が薄くなってきていないかということです。

たとえば、投資信託の販売に頑張っている人は、次のようなことを考えるとき、銀行に就職した者として違和感はないでしょうか。

① 投資信託を販売するということは、預金が減り、それは貸出の原資が減るということである。

② 預金を貸出で運用するという銀行の間接金融の基本が崩れ、預金者に他業態の直接金融の商品を勧めている。

③ 競争する他業態の商品を販売して手数料を得ることに喜びを感じ、銀行はその収益増大を期待している。

④ 銀行業ではない仕事に携わっている。

銀行による投資信託の販売は、元本は保証されないが預金より高利回りが期待できる投資信託を勧め、手数料収入をもって銀行の収益を確保するために行われています。

これは、銀行が預金を集めて貸出で運用するという間接金融の基本が崩れることにつながります。また、元本が保証されない＝損することもある商品を売ることで、実際に大きな損失を生じた場合も、説明責任を果たして販売したのだから自分に責任はないという意識の銀行員が増えてきます。このことによって、農耕民族といわれてきた銀行文化が変化しつつあります。また、銀行員の銀行業（本業）に対する意識や考え方を変えることになります。その事実は、現実に筆者が貸出業務の研修を行って感じているところです。

3 日興ＡＭファンドアカデミーが二〇〇九年に発表した「投信窓販白書」におもしろいアンケート結果が掲載されています。約四〇〇名の銀行の投信販売担当者に聞いたところ次のような結果でした。

「投資信託を「お客様にとって良いことをしている」と思って行えていますか」という設問に対して、「とてもそう思う」が二〇%、「まあそう思う」が六〇%、「あまりそう思わない」が一八%、「まったくそう思わない」が三%でした。また、「正直できればやりたくない、そもそも「なぜ銀行で扱うのか」から疑問だ」という設問に対して、「とてもそう思う」が一〇%、「まあそう思う」が一七%、「あまりそう思わない」が四七%、「まったくそう思わない」が二六%でした。

経済社会の一般的な見方は、銀行は農耕民族、証券会社は狩猟民族といわれ、それぞれの業界には歴史と文化と伝統があります。顧客が銀行に預金を預けるとき、顧客は銀行預金の金利に期待することより元本保証という安全性に信頼を寄せています。そのような期待を背景にした銀行が、リスクがある商品を販売することに、銀行の投信販売者の五人に一人は消極的な意識をもっているようです。

銀行がリスク商品の販売を手がけるようになり、銀行の企業文化や銀行員のものの考え方が変わることで、顧客の銀行・銀行員に対する信頼度、信認する根底が揺らぐことを懸念するのは筆者だけでしょうか。

4　バブル崩壊後、銀行の「貸渋り」が話題になりました。企業に金を貸すか貸さないかは銀行が自主的・主体的に判断するべきことです。銀行が企業に金を貸さない、貸せないという判断を

するとき、そこには貸すことができないと判断するそれ相応の理由が存在します。その理由を深く考えることなく「貸渋り」ということをいう人（マスコミを含め）に申し上げたいことは、「収益の根源である本業を行わない企業ってありますか？」ということです。

銀行は貸出業務を行わなければ収益は得られません。銀行の収益の大黒柱である本業の貸出業務を意図して行わない＝「貸渋り」を行う、ということは、銀行は収益を得る術をもたなくなるということです。「貸渋り」という批判は、「銀行は本業である貸出業務をやっていない」ということですが、はたして収益の源泉である本業をサボタージュする企業ってあるでしょうか。

金融の自由化が進展し、銀行がいろいろな業務を行うことができるようになりました。ここで留意すべきことは、本業という柱をしっかりと守ることが大事であるということです。預金を受け入れて貸出を行うという銀行の本業は、その道のプロフェッショナル銀行員が今後も本業として行っていかなければいけません。

銀行が本業以外の業務で収益を得るということを否定するつもりはありません。しかし、バブル経済期を省みるとき、他の業界において、本業以外で稼ごうとして失敗した企業がいかに多かったかということも知らなければいけません。

長引くデフレ経済下で企業の資金需要は乏しく、貸出業務は伸びませんでした。したがって、新たな収益の柱をつくるという考えには首肯します。しかし、他産業の場合は新たな収益の柱＝

新事業が既存事業にとってかわり、それが新たな事業の柱になることはありえますが、銀行では新たな収益の柱（有価証券の売買や投資信託の販売等）が、本業の貸出業務にとってかわる事態になることは考えられません。銀行は、本業である固有業務で絶対的な信認を得られる存在にならなければいけないということをあらためて認識する必要があると思います。

銀行に求められることは、銀行法第一条（目的）に記された「金融の円滑を図る」ことです。「預貸率が低下すれば国債を買っていればよい」という安易な考え方でよいのでしょうか。貸出業務が本業であるという意識を強くもち、リスク管理能力・企業審査力・産業動向の目利き力等をアップさせ、貸出金を伸ばす努力を行う姿勢が必要ではないでしょうか。資金需要がないからといって、安易に他の収益獲得方法に手を広げればよいのでしょうか。それはそれで大事であると思いますが、貸出業務における審査方法、担保、産業・業界の将来性の見極め、あるいは地域行政、起業者とのかかわり方等をどのように見直せばよいかという新しい発想で貸出業務を考え直すことが、本業で生きる銀行の本来の役割ではないでしょうか。

銀行が投資信託の販売や有価証券の売買などの証券業務等を行うにしても、それらの業務に集中するあまり、銀行が経済社会において本来果たすべき役割の本業の遂行がおろそかになるようなことがあってはいけないと考えます。あらためて、本業回帰の意識をもつことが重要であると考えます。

第2節　銀行法で業務の範囲を知る

銀行法第一〇条～第一二条は「業務の範囲」という共通の見出しで、銀行の業務の範囲を詳細に規定しています。本業以外の業務が銀行法でどのように規定されているかを知らないで業務に携わっている銀行員は多いと思います。

そこで、銀行が行うことができる業務について、銀行法の条文で確認してみたいと思います。

第1項　固有業務

銀行法第一〇条第一項

銀行は、次に掲げる業務を営むことができる。

(一)　預金又は定期積金等の受入れ

(二)　資金の貸付け又は手形の割引

(三)　為替取引

銀行の固有業務といわれるものはこの条文で定められた三つの業務です。この固有業務を「銀行業」といいます。これが「銀行の本業」です。銀行の営業免許をもたないものはこれらの業務

を営むことができません（銀行法第四条）。これ以外の業務を行うことに、銀行の営業免許はいりません。

第2項　付随業務

銀行法第一〇条第二項

銀行は、前項各号に掲げる業務のほか、次に掲げる業務その他の銀行業に付随する業務を営むことができる。

（一）債務の保証又は手形の引受け

（二）有価証券の売買又は有価証券関連デリバティブ取引

（三）有価証券の貸付け

（四）国債、地方債若しくは政府保証債の引受け又は当該引受けに係る国債等の募集の取扱い

（五）金融債権の取得又は譲渡

（五の二）～（一〇の二）は略

（一一）両替

（一二）デリバティブ取引であって内閣府令で定めるもの

（一三）　デリバティブ取引の媒介、取次ぎ又は代理

（一三）〜（一九）　は略

付随業務とは、銀行の固有業務に伴って当然に生じる業務です。その基本的なものは法文に明示的に列挙されていますが、これは単なる例示と理解して構いません。すなわち、付随業務は今後の経済金融情勢の変化に応じて付け加えられることを想定し、その範囲に弾力性やふくらみをもたせる法文表現になっています。それは柱書において「その他の銀行業に付随する業務」（条文の傍線箇所）という概括的な表現で表されています。

したがって、付随業務の範囲は必ずしも固定的に考えることはありません。付随業務の範囲は、経済社会の変化に伴い、また経済社会が銀行に対して要求する機能に対して、今後も個別具体的、かつ柔軟に考慮されるものと理解されます。

法文には明示されていませんが、ファクタリング、旅行小切手の発行、クレジットカード業務、金地金の売買、信用状に関する業務などはその他の付随業務と解釈されています。

デリバティブ取引に関して、小山嘉昭著『詳解銀行法〔全訂版〕』（二〇一二年、金融財政事情研究会）には次のように書かれています。

「なお、デリバティブ取引については、銀行法は有価証券関連デリバティブ取引と金融等デリバティブ取引とに分け、有価証券関連デリバティブ取引はほぼ有価証券法制のもとで銀

行の営業参加という法律上の取扱いを行い、金融商品取引法が第一義的に対応するという立場をとっている。一方、有価証券以外のデリバティブ取引である「金融等デリバティブ取引」等については、銀行経営の健全性を損なわないことに留意しつつ銀行が付随業務として全面的に行えるとの建前をとっている。」（同書一七二頁）

第3項　他業証券業務等

銀行法第一一条
銀行は、前条の規定により営む業務のほか、同条第一項各号に掲げる業務の遂行を妨げない限度において、次に掲げる業務を行うことができる。
(一)　金融商品取引法第二八条第六項に規定する投資助言業務
(二)　金融商品取引法第三三条第二項各号に掲げる有価証券又は取引について、同項各号に定める行為を行う業務
(三)　信託法第三条第三号に掲げる方法によってする信託に係る事務に関する業務
(四)　略

銀行法第一一条は、銀行の固有業務・付随業務とは別に、一定の範囲の証券業務等を行うことについて設けられた根拠規定です。固有業務・付随業務ではないため、条文では「行うことがで

きる」という表現を使っています。ちなみに、固有業務・付随業務を定めた第一〇条は「営むことができる」という表現になっています。

銀行は、本条により公共債に関してはほぼすべての証券業務（注）を行うことが可能です。

（注）証券業務は次の四つの業務。
「委託売買（ブローカー）」「自己売買（ディーリング）」「引受（アンダーライター）」「募集・売出」

本条の規定を「他業証券業務等」という表現にしていることについては、「実質的には銀行業や銀行業に付随する業務とはいえないが、銀行法が法律のうえで個別に認めるもの、ないし、それを法文のうえで確認する、という位置づけになる」（前掲『詳解銀行法〔全訂版〕』二一八頁）として、本業の固有業務の遂行を妨げない限度に行うことができるとされています。

ここで、銀行の証券投資信託販売についての法的根拠について説明しておきたいと思います。そもそも、金融商品取引法第三三条一項に「金融機関は証券業務（有価証券関連業）を行うことができない」という規定がありますが、二項で一定の商品、行為に限り「適用しない」とされ、同項の二において、その適用除外対象に投資信託等が加えられることで、銀行の投資信託の販売が可能になりました。

要は、投資信託の窓販業務は銀行法第一一条二号の他業証券業務と位置づけられますが、その

法的構成は、「銀行は証券業務を行うことができない」という原則（金融商品取引法第三三条一項）があるが、その原則に適用しないものとして投資信託が加えられたということです。

以下に銀行法と金融商品取引法を載せ、銀行が投資信託を販売できる条文（該当箇所に傍線）を順番に掲げましたので、その構成を理解してください。

銀行法第一一条

銀行は、前条の規定により営む業務のほか、同条第一項各号に掲げる業務の遂行を妨げない限度において、次に掲げる業務を行うことができる。

（二）金融商品取引法第三三条第二項各号に掲げる有価証券又は取引について、同項各号に定める行為を行う業務

金融商品取引法第三三条

銀行、協同組織金融機関その他政令で定める金融機関は、有価証券関連業又は投資運用業を行ってはならない。ただし、～以下略

2．前項本文の規定は、金融機関が、書面取次ぎ行為又は次の各号に掲げる有価証券若しくは取引について、当該各号に定める行為を行う場合には、適用しない。

（一）略

（二）第二条第一項第一〇号及び第一一号に掲げる有価証券（以下略）

(三)～(六)　略

金融商品取引法第二条

この法律において「有価証券」とは、次に掲げるものをいう。

(一)　国債証券

(二)　地方債証券

(三)～(九)　略

(一〇)　投資信託及び投資法人に関する法律に規定する投資信託又は外国投資信託の受益証券

(一一)　投資信託及び投資法人に関する法律に規定する投資証券若しくは投資法人債券又は外国投資証券

第4項　法定他業

銀行法第一二条

銀行は、前二条の規定により営む業務及び担保付社債信託法その他の法律により営む業務のほか、他の業務を営むことができない。

銀行は、銀行法第一二条によって、前記三つの業務、すなわち「固有業務」「付随業務」「他業

証券業務等」と「担保付社債信託法その他の法律により営む業務」以外の他の業務は営むことはできません。

銀行が他業を営むことができないとされている理由について、前掲『詳解銀行法〔全訂版〕』では次のように記されています。

「第一に、可能な限りその本業に専念し、与信・受信の両面において社会的意義と経済的機能を発揮するようにしなければいけないこと、第二に、銀行に固有業務、付随業務以外の業務を営むことを許せば、銀行の固有業務等が影響を受けて顧客に対するサービス水準の低下を招き、ひいては、預金者等の資産や取引者の安全を害する事態が予想されること、の二つに理由による。」(同書二二七頁)

しかしながら、銀行法第一二条は、他の法律により許された業務は例外として行うことができるとされています。条文では「担保付社債信託法」が例示されていますが、他の法律で認められて銀行が行うことができる業務には次のようなものがあり、これを「法定他業」といいます。

・「**担保付社債信託法**」による担保付社債信託業務
・「**金融機関の信託業務の兼営等に関する法律**」による信託業務
・「**保険業法**」による保険窓販業務
・「**社債等登録法**」による社債等の登録業務

・**「当選金付証票法」**による宝くじに関する業務

・**「商品投資に係る事業の規制に関する法律」**に規定されている業務（商品ファンドの販売・ファンド運用）

また、銀行は業務として営むものでない限り、事実行為（行政機関の法律効果を有しない活動）として行うことはさしつかえありません。たとえば、銀行が所有している不動産の売却、自行で開発したシステムプログラムの売却などは、一時的に行われる（＝業務性を有しない）行為であり、他業禁止に抵触しないものと解されています。営利目的をもって反復的・継続的に行われる行為ではないことがポイントになります。

第3節 預金業務の意義

第1項 預金に対する意識

1 本章第2節第1項で銀行法第一〇条を掲げ、銀行の固有業務の（一）として「預金又は定期積金等の受入れ」と書きました。銀行法を学ぶとおもしろいことに気づきます。それは、銀行法

第二条（定義等）において、「定期積金」「定期積金等」と「預金者等」という言葉の定義は規定されていますが、「預金」という言葉の定義は法に書かれていません。

ちなみに、**銀行法第二条（定義等）**における「定期積金」「定期積金等」「預金者等」の定義は以下のとおりです。

3　この法律において「定期積金」とは、期限を決めて一定金額の給付を行うことを約して、定期に又は一定の期間内において数回にわたり受け入れる金銭をいう。

4　この法律において「定期積金等」とは、定期積金のほか、一定の期間を定め、その中途又は満了の時において一定の金額の給付を行うことを約して、当該期間内において受け入れる掛金をいう。

5　この法律において「預金者等」とは、預金者及び定期積金の積金者（前項に規定する掛金の掛金者を含む。）をいう。

法において「預金」の定義がないため、預金とは何かについて考えるときは取引慣行を中心にして解釈によって補っていかざるをえないとして、前掲『詳解銀行法〔全訂版〕』（一一七頁）では、預金の定義について次のように示されています。

（一）受け入れる側が、不特定多数かつ多数の者を相手として行う営業であること

（二）金銭の預入れであること

(三)　元本保証があること

(四)　主として預け主の便宜のためになされるものであること

2　預金者が銀行に預金をする＝預けるということは、預金者は銀行に対して債権者の立場になり、銀行は預金者に対して債務者となります。このことについて、預金者はそのような意識はもっていないと思います。まして、預金を預けるということは、銀行に対して信用を供与しているという意識は皆無でしょう。さらにいえば、預金が無担保債権であるという法律論を持ち出して考えている人はまずいないと思われます。預金者の意識は「元本は保証される」という感覚で、「銀行は現金の保管場所」という感覚程度にしか考えていないと思います。

預金者の多くは、大切な財産である預金を預ける銀行の経営状態について正確に知ろうとする努力もしていません。それは銀行を信頼する存在としてみているからです。また、近年の預金金利は異常に低いことから、利息を期待して預けるというより、元本保証で安心であるという気持ちが大きいと考えられます。

一方、銀行員も、預金を預かるということの本質は、預金者から資金の借入れ＝銀行の資金調達であるという意識をもっている人は少ないと思います。銀行の貸借対照表をみて、預金が負債に載っていることさえ気づいていない行員がいます。そして、預金が貸出業務の原資として使われているということを知っている人も少ないと思います。なぜなら、筆者が貸出業務の研修を

行って、「貸出金の原資は？」と質問して答えられない若手が多いからです。「（貸出金の原資は）〝銀行の金〟」と答える若手行員もいます。

預金者も銀行員も、預金に対する意識はその程度ですから、銀行がリスクある貸出によって預金が危険にさらされ、価値に毀損が生じる懸念があると思っている預金者・銀行員も少ないと思います。

第2項　本源的預金と派生的預金

預金は、預金者から預けられた現金だけではありません。銀行の信用創造機能によっても預金通貨がつくられます。

銀行は、資金余剰主体（家計・法人）から預金を預かり、預金を原資にして、資金不足主体（法人・政府公共部門）へ貸出業務を行います。それが繰り返される過程で信用創造が行われ、新たに預金が生まれます。このとき、信用創造の原資となる預金者から預けられた預金のことを「本源的預金」といい、信用創造によって生まれる預金のことを「派生的預金」といいます。

信用創造について理解していない銀行員も多くいると思われ、ここで信用創造について簡単に説明します。

・預金者が甲銀行に一〇〇の現金を預ける（本源的預金）。

・甲銀行は、支払準備として一〇％（一〇）を手元に置き、九〇をA社へ貸出する。
・貸出金九〇は現金ではなく、甲銀行のA社の預金口座に入金される。
・A社は九〇の借入金をB社への支払に充てる。
・B社への支払は現金でなく、小切手・振込みで行われるため、九〇はB社の乙銀行の預金口座に入金される。
・乙銀行は、九〇の預金に対する支払準備として一〇％（九）を手元に置き、八一をC社へ貸出する。
〜ということを繰り返すとき、預金の合計額は、「100＋90＋81＋72.9＋〜」となります。これを算式で表すと、最初の預金額×1／支払準備率（一〇％）となり、100×1／0.1＝1000と計算されます。

すなわち、本源的預金一〇〇の一〇倍の一〇〇〇の預金が創造される（派生的預金は九〇〇）ことになります。これを銀行の「信用創造機能」といいます。

第3項　預金者に対する情報の提供

銀行は店頭で預金金利の表示を行っています。これが、預金者に対して行う情報提供であるということを知っている銀行員は少ないと思います。まして、それは法律に基づき行われていること

とであり、その根拠条文を知っている銀行員はほとんどいないと思われます。そもそも多くの銀行員は、「預金者に対する情報の提供」ということが具体的に何のことかわからない人もいると思います。それは、銀行法第一二条の以下の規定を知らないからです。

銀行法第一二条の二（預金者等に対する情報の提供）

銀行は、預金又は定期預金等の受入れに関し、預金者等の保護に資するため、内閣府令で定めるところにより、預金等に係る契約の内容その他預金者等に参考となるべき情報の提供を行わなければならない。

銀行法第一二条の二第一項は、本源的預金について、預金者保護のために、内閣府令によって、情報の提供を行わなければいけないと定めています。その内閣府令は以下のとおりです。

銀行法施行規則（昭和五七年三月三一日大蔵省令第一〇号）

（最終改正：平成二六年三月三一日内閣府令第三一号）

第一三条の三（預金者等に対する情報の提供）

銀行は、法第一二条の二第一項の規定により預金者等に対する情報の提供を行う場合には、次に掲げる方法により行うものとする。

（一）　主要な預金等の金利の明示

（二）　取り扱う預金等に係る手数料の明示

（三）　略

（四）　商品の内容に関する情報のうち次に掲げる事項を記載した書面を用いて行う預金者等の求めに応じた説明及びその交付～以下略

このように、法令は銀行に対して金利の店頭掲示と各種手数料の掲示を義務づけています。また、預金者等の求めに応じて口頭での説明だけでなく、書面による説明、資料の交付を行うこととされています。右記（四）の「次に掲げる事項を記載した書面」の事項とは、デリバティブを使った預金には元本保証がないことの説明や、変動金利商品について変動の仕組みについての説明などを行うことを求める内容が記されています。

第4項　「預金は借金なり」

「預金は借金なり」ということを旧三井銀行の中上川彦次郎氏が唱えています。銀行は預金者から預金という名の借金をしています。ということは、銀行は預金者に対して債務者の立場であります。

バブル崩壊以降、多くの金融機関が経営破綻しました。銀行も二〇行が破綻しました。銀行が破綻するということは、資金繰りが回らなくなる＝預金者の預金払戻請求に応えられないということです。すなわち、預金を引き出しに来られた預金者に、預金を返せないということです。ま

さに、預金という借金を返せなくなって銀行は破綻したのです。

その原因は、預金を原資として行っている貸出金の多くが不良債権となることで銀行の信用力が落ち、新たな資金調達（預金取込み・借入れ）ができず、預金の払戻請求に応じられなくなったということで、銀行の資金繰りの破綻といえます。

銀行員は、預金が債務（＝借金）であるということを、どれほど認識しているでしょうか。預金者が預金の払戻請求をするということは、銀行が借金を返済することと同義です。このことを知れば、窓口で預金の払戻しに応じるとき、預金者に対して、「いままであなた様の預金を使わせていただきました」という感謝の念をもって、現金をお返しする心をもちたいものです。払戻しに来られた預金者に、事務的に現金を返すだけの人は、預金の本質をわかっていない人といえます。

銀行の貸出業務の原資は預金です。貸出先が倒産して貸倒れが発生し、銀行が貸出金を回収できないということは、預金者から受け入れた預金を返戻する原資を失うということです。

貸出担当者でこのような意識をもって業務を遂行している人はどれほどいるでしょうか。貸倒れが生じたら、回収や損失に関心が向くのは当然ですが、貸出金の回収不能が預金者保護の問題につながっているという意識をもっている銀行員は少ないように思います。

貸倒れの件数・金額が大きくなれば、銀行の預金返済能力に赤信号が点灯するという非常事態

になります。自分が預金を預けた銀行の不良債権が多いと知り、銀行経営に不安を抱いた預金者は、自分の預金の安全を確保するために、預金の引出しを行います。特定の銀行において、預金者がその銀行の経営不安を感じ、一斉に預金の引出しを行うことを「取付け」といいます。これが銀行の倒産につながります。

ちなみに、昭和二（一九二七）年の「昭和恐慌」といわれた「取付け騒ぎ」で、銀行の預金流失率はどれくらいであったかというと、東京渡辺銀行二二％、八十四銀行三五％、左右田銀行三八％、中澤銀行三五％、近江銀行三四％、中井銀行三二％、十五銀行三〇％でした。

銀行が破綻することによる経済社会への影響は大きいものがあります。それは健全経営を怠った経営者の責任でもあります。預金者は、預金保険法があるものの、大切な金融資産を脅かされます。預金者は何もしていないにもかかわらず、財産を失うことになります。預金者は銀行に対して債権者の立場でありながら、銀行に対して行動を起こすことはできません。ということから、銀行法は第一条の目的規定において「預金者等の保護」をうたっているのです。

銀行員は、預金業務を軽んじていないでしょうか。預金は銀行の資金調達であり債務です。預金が一時《いっとき》に大きく流失することは、経営破綻につながるという認識をもてば、預金者をもっと大事に扱い、貸出業務を真っ当に行わなければいけないということがわかるはずです。

預金者は、「銀行に預けた預金は必ず返してもらえる」ということを信じて疑いません。その

確信ないし信頼が銀行のレゾンデートル（存在理由・存在価値）であり、その信用を銀行は裏切ってはいけません。

第4節 貸出業務の意義

第1項 貸出業務の本質を考える

1 企業等が資金調達を図る場合、社債や株式等を発行して一般大衆から直接資金を調達する直接金融と、銀行等の貸出業務によって資金を借り入れる間接金融がありますが、わが国においては間接金融の比重がきわめて大きな割合を占めています。したがって、それだけ、貸出業務の国民経済的意義も大きいということがいえます。

特に、戦後のわが国の経済成長を支えてきたのは、この間接金融方式であり、銀行の貸出業務が成長通貨の供給ルートとして果たした役割はきわめて大きいものがあります。

銀行の貸出業務は預金者から受け入れた預金を原資として、資金不足の企業等に貸出金として運用することで収益を得ます。貸出業務は銀行における重要な収益の柱であり、手段でありま

す。

銀行の貸出業務は、資金の融通を受ける企業等の側にとっては事業活動を行ううえでの資金調達に当たり、国民経済的な見地からみると資金の媒介および造出という役割を果たしています。

資金の媒介とは、経済社会において余剰として存在する現金を銀行が預金として受け入れ、資金を必要とする企業等に融通することです。この銀行の媒介機能によって社会の未活用資金が有効に使われ、経済社会全体の活動資金量を増加させることになります。資金の融通を受ける企業等の側も、資金調達に関して多数の資金保有者と個別に直接交渉するという労が省かれるだけでなく、大きな金額を長期にわたり利用することが可能になります。

資金の造出とは、いわゆる信用創造のことであり、貸出業務によって預金通貨をつくりだすことです。つくりだされた預金通貨のことを派生的預金といいます。この仕組みについては、前節第2項で述べましたので、ここでの説明は省略します。

このような貸出業務がもつ資金の媒介および造出という役割は、銀行の本質的な機能であり、この機能によって銀行は経済活動に必要な資金を供給するという重要な役割を果たしています。このことは、銀行法第一条（目的）の条文において、「金融の円滑を図る」「もつて国民経済の健全な発展に資する」という記述につながります。

銀行が貸出業務を通じて、どの産業、どの業界に、またどの企業等に、どのように資金を融通するか、すなわち、銀行による貸出業務がいかに適正に行われるかは、わが国の経済社会にとって大変重要なテーマであるのです。ここに銀行の公共性が深くかかわっているということを、銀行と銀行員は強く認識しなければいけません。

2　銀行の貸出業務は、戦後の経済成長期においては非常に大きな役割を果たしたといえますが、現在はどうでしょうか。銀行の貸出業務が資金の媒介および造出という機能をもっていることは不変ですが、銀行および銀行員の貸出マインドが大きく変わり、真っ当な貸出業務が行われなくなった状態がみられます。その原因を、日本経済の成長が鈍化し、環境が悪くなったからというのは間違っています。たしかに経済成長力は落ちました。金融情勢も変わりました。しかし、そのような経済社会の変化は、銀行だけでなくすべての産業にとって同じような環境の変化であります。すべての企業は、時代の流れとともに変化する経済状況に対して、経営の舵取りをうまく行った企業が生き残り、そうでない企業は淘汰され、衰退するのが資本主義経済です。銀行の貸出業務はバブル期以降、明らかに舵取りを間違えていると思います。

戦後の高度成長期・安定成長期における（バブル期以前）銀行の貸出業務は真っ当に行われていたと思います。それが真っ当でなくなったのは、バブル経済期からです。

現役銀行員のほとんどは「バブルを知らない銀行員」です。「バブルを知らない銀行員」は、

バブル経済時代に銀行が行った貸出業務の実態を知らないだけでなく、それを知ろうとする意欲も薄いようです。したがって、その反省もできず、当時の貸出姿勢の悪いところが、いまだに生活習慣病として残っているようです。数字至上主義・収益積上げの方法の悪しき生活習慣病が、行内で「常識」となり、上司・先輩から教えられたそのやり方を疑問に感じていない銀行員がいます。疑問を感じても、それをやめさせる力が働きにくいのがいまの銀行ではないでしょうか。

「バブルを知らない銀行員」は筆者と年齢・世代が異なるのでバブル経済を実体験していないことは仕方ありません。しかし、当時のことを知る努力、勉強もしていないため、「バブルが崩壊して失われたものは何か?」と問うと、「株価と土地の価格の下落」という答がほとんどです。その答は間違いではありません。しかし、「「銀行における真っ当な貸出姿勢」や「銀行員の矜持」が失われた」と答える者はいません。

「賢者は歴史に学び、愚者は経験に学ぶ」という名言がありますが、銀行が過去に大きな不良債権をつくり、経営が困難に陥った時の銀行の実態を知ろうとしない銀行員は賢者とはいえません。バブル期の歴史を知り、問題点を正しく認識し、それをいまの時代に活かすことが必要ですが、残念ながら、そのような動きはみられません。

バブル期以前の銀行員は中小企業・町工場を回り、決算書を自ら分析し、財務的問題点を把握

し、社長から会社の将来や経営方針・得意の技術力を聞き、業界や商品等の動向と将来を調査したうえで、貸出方針を決めていました。無謀な設備投資計画や粉飾決算を発見した場合は、「貸さぬも親切」という貸出姿勢がありました。そして、会社の経営に関与するほどの意見を社長に具申することも行っていました。

本島康史著『銀行経営戦略論』（二〇〇三年、日本経済新聞社）には次のような記述があります。

「昔、銀行員がバンカーと呼ばれていた時代には、顧客企業のことは隅から隅まで熟知していた。したがって情報生産の品質はきわめて高く、積極的に経営者に助言を行うことで能動的にリスクを管理していた。企業の経営者に対し、投資を思いとどまらせたり、逆に思い切った事業展開を提案するという指南役を担っていた。

しかし、いまの銀行員の多くは、残念ながらこうした役割を担っていない。単に顧客に財務諸表をもらいに行くだけで、一〇分か一五分だけ話をして帰ってくる。顧客の事業に対する理解が低下しただけでなく、顧客に「言われたら動くが、言われないと動かない」受け身の存在になってしまった人が多い。」（同書三七頁）

バブル期の銀行は、資金使途と必要金額の妥当性を検証するという貸出業務の基本を忘れ、地価は必ずあがるという前提に立って不動産担保をとり、たばこ屋や八百屋等にペンシルビル建築

を勧め、億円単位の貸出で実績をあげるようなことをしてきました。そして、スコアリングやコンピュータ審査が導入され、担当者自らが決算分析することなく、会社の事業内容を知らなくても貸出金額が決まるようになり、真っ当な貸出姿勢は失われてしまいました。経営者の経営手腕や人格をみる、中小企業の技術力を評価する、リスクをとる、という貸出ノウハウも失われてしまいました。

現在、銀行の貸出業務において、「貸すも親切、貸さぬも親切」という言葉は死語となり、成果主義のもと、「貸せば貸すだけ評価され」「ボーナスは自分に、リスクは銀行に」という風潮がまだ色濃く残っているようです。

3 貸出業務が銀行の収益の大半を占め、最も重要な本業であるということは、本章第1節第3項で述べました。その事実は、銀行の貸借対照表において運用資産の過半（五〇～七〇％くらい）が貸出金であり、損益計算書においても経常収益の過半（五〇％以上）を貸出金利息が占めていることからもわかります。

この数字からも、貸出業務は銀行経営において、資産としても、収益源としても、最も重要な業務であることがわかります。銀行にとって、貸出業務が資産としても収益源としても最も重要な業務であるにもかかわらず、多くの銀行において貸出業務は次のような問題点を抱えています。

① 貸出業務を真っ当に行うことができる人材育成ができていない。また、人材育成を行うことができる指導者も数少ない。

② 貸出先の事業経営に資することを考えることより、貸出金額を増加させることが最大の関心事になっている。

③ そのため、リスク管理、採算管理の意識が希薄となり、低金利競争に陥り、収益率の悪化を招いている。

④ 数字至上主義・成果主義の考え方から、「早割り・早貸し」「貸込み」等の恥ずかしい行為を行っている。

⑤ コンピュータで財務分析、管理資料の作成が行われるようになり、決算書が読めない、経営指標等の内容が頭に入っていない等の弊害が出てきている。

⑥ スコアリング、コンピュータ審査、信用保証協会の利用に頼ることで、担当者の貸出判断力は大きく低下している。

⑦ 貸出業務の経済的側面（ボリューム・収益等の金額）には強い関心を示すが、法律的側面（含む事務）に関する勉強がおろそかになっている。

⑧ 貸出業務の実績はもっぱら数字の増加・目標達成率等の定量的側面で評価され、質的な定性的側面（たとえば、引当を確保した・債権保全策を立てた・回収して貸倒れを防いだ・経営再建策を

策定した・顧客から大きな信頼を得た等々）を評価することは少ない。

このような問題点が生じていることは、銀行・銀行員が貸出業務の本質を正しく理解していないからです。それは、役員等経営職階にいる人たちが、貸出業務について数字だけで管理していること、現場担当者の実態（能力レベル、行動等）を正確に把握していないこと、そして貸出先（主力先・重要先以外の取引先）の声（真のニーズ等）を聞いていないこと等が要因として考えられます。

また、視点を変えてみた場合、銀行は貸出業務の基本原則を忘れています。あるいは、この基本原則について教えていないのかもしれません。それは「収益性」「安全性」「成長性」「公共性」「流動性」という貸出の基本原則といわれるものです。すべての企業経営において、収益性と安全性の原則は要求されますが、特に銀行において安全性の原則が求められる理由は、いうまでもなく、貸出業務は預金者から集めた預金を原資として行われているからです。また、銀行は貸出業務によって収益を得るだけでなく、銀行自身が成長・発展しなければいけません。これが成長性の原則です。成長性の原則は、別の見方をすれば、貸出先の育成および優良企業との取引確保を意味します。さらに、銀行には他の一般企業とは異なり、公共性がうたわれています。貸出業務の原資である預金は国民の財産・資産であるため、その運用としての貸出業務は、そのすべてを銀行の自由意思に委ねることはせず、法律のもとで政府（金融庁）によって最小限度の監視・

介入が行われます。流動性の原則とは、預金者からの払戻請求にいつでも応じられることを考え、預金の期間構成を考慮したうえで貸出形態や期間等を常に調整（ALM＝Asset Liablity Management）を考えなければいけません。

ところが、現在行われている貸出業務はこの基本原則を忘れているようです。収益性の原則を忘れて低金利によるボリュームを確保する競争を行い、安全性の原則を忘れてリスクチェックについて甘い審査が行われ、成長性の原則も忘れ貸出先が成長することより銀行経営の数的拡大にこだわり、公共性の原則を忘れた銀行員は、預金者保護の意識は薄く、流動性の原則を忘れて、期間一〇年の低金利固定貸出で住宅ローンのボリューム競争を行っています。

第2項　貸出業務に対する世間の批判に答える

銀行の預金業務に対する批判はあまり聞いたことがありません。「あの銀行に預金をしにいったら、お預かりできませんといわれた」という類の話は聞きませんが、貸出業務については、「晴れた日には傘をさすが、雨の日に傘をさしてくれない」とか、「貸渋り」「貸剝がし」という言葉を耳にすることがあります。

真っ当な貸出業務を行っている銀行員であれば、この問題に真正面から答えられるはずです。この問題について、筆者は以下のような見解をもっています。

○「銀行は晴れた日には傘をさすが、雨の日に傘をさしてくれない」

この言葉が意味することは、銀行は業績がよい企業には金を貸すが、業績が悪い企業には金を貸さないということをいっています。企業経営において資金繰りに窮したとき、銀行が金を貸してくれないことを指して、銀行が本来の役割を果たしていないということを批判するときに使われます。

このようなことを言う人に逆にお尋ねします。あなたは、両親や友人から預っている金を、信用できない（返してくれないかもしれない）他人に貸しますか？　あるいは、あなたが銀行に預けた預金を、銀行が危ない企業と知りつつ貸し、その企業が倒産して貸出金が回収できず、その結果、あなたが自分の預金を引出しに行ったとき、銀行が払戻しに応じられないという状況になったら、あなたはどう思いますか？　「なぜ、倒産するような企業に貸したのだ！」と怒りを覚えませんか⁉

銀行が貸出業務を行うとき、「収益性」「安全性」「成長性」「公共性」「流動性」という基本原則があります（前述）。その原則に基づいて行う貸出業務は、返済されないリスクがある企業に対する貸出には消極的になります。それは銀行経営の安定性を図ると同時に、貸出の原資である預金者の預金を守ることでもあります。銀行法第一条（目的）に記されている「預金者等の保護」がこれに当たります。

「銀行は晴れた日には傘をさすが、雨の日に傘をさしてくれない」という言葉は、経営者が自らの経営判断（資金繰り）のミスを銀行の貸出姿勢に転嫁させるものです。経営者は自らの経営判断のミスを隠すため（あるいは、認めたくないため）、銀行の貸出姿勢を批判することで、問題の本質をすり替え、自分に対する批判から眼をそらそうとするねらいがうかがわれます。

そもそも、企業経営にとって一年三六五日のすべてが晴れの日とは限らないことはだれもが知っています。経営者は雨が降ったときの影響と対策をあらかじめ考えておくものです。経営者は、雨の日のためさす傘は自ら用意しておくものです。傘は自分のものと、銀行から借りることができる傘の両方を準備しておくものです。自分でもつ傘とは、自己資本率を高める等で財務内容をよくして体力を蓄えることであり、銀行から借りられる傘とは、継続的取引により築かれた信頼関係によって確保されるものです。

そもそも、銀行が貸出業務によって貸す金（＝傘）は、銀行の金（＝傘）ではありません。預金者から借りている金（＝傘）です。銀行が、預金者の金を資金繰りに窮し返済されないリスクが大きい企業に貸し、そのことで不良債権が増大してよいでしょうか。ということを考えれば、「銀行は晴れた日には傘をさすが、雨の日に傘をさしてくれない」という言葉は、健全な銀行経営を行うために、ある意味では当然のことであると理解できると思います。

誤解を恐れずに言えば、銀行の貸出業務は「困った人に無条件で金を貸す」という慈善事業で

はありません。預金者の大切な財産である預金を預っている銀行が、元本を保証して預金者の払戻請求に応じるためには、真っ当な貸出業務（貸出金を期限に回収できる）を行わなければいけないということです。

○「貸渋り」

「貸渋り」という言葉の意味は、企業から借入申出があったにもかかわらず、銀行が貸出に応じない姿勢を批判する言葉として使われています。

「貸渋り」は、前述した「銀行は晴れた日には傘をさすが、雨の日に傘をさしてくれない」という言葉と同じく、リスクある企業に対して銀行が新たな貸出に応じないことですが、異なる点は、銀行全体の貸出残高が伸びていない実態を指していう場合と、「晴れた日にも傘をささない」（正常先企業にも貸さない）という場面も含んで、個別企業宛て貸出業務の消極姿勢を批判するときに使われるようです。

内閣府のシンクタンクである経済総合研究所は、一九九四年三月に「中小企業に対する銀行の「貸し渋り」について」という研究論文を発表しています。執筆者は、吉川洋（東京大学経済学部教授）・江藤勝（経済企画庁経済研究所総括主任研究官）・池俊廣（経済企画庁経済研究所副主任研究官）の三名で、結論として、「全国ベースの銀行全体についてみると、不良債権の存在により中小企業への「貸し渋り」が生じている証拠はみられない。貸し出しが低迷している主因は景況感

の悪化や卸売物価デフレーションに伴う借入需要の低迷であると考えられる。」と書いています。

筆者は、「貸渋り」について、本章第1節第3項で、貸出業務は銀行の本業であり、収益の大黒柱であることから、「本業の貸出業務を意図して行わない＝「貸渋り」を行う、ということは、銀行は収益を得る術をもたなくなるということです。「貸渋り」という批判は、「銀行は本業である貸出業務をやっていない」ということになりますが、「はたして収益の源泉である本業をサボタージュする企業ってあるでしょうか」と書きました。

銀行が、収益源である本業を行わない・貸出に応じないということには、必ず理由が存在します。貸出対象先の業績・財務内容が悪いため、返済に懸念がある場合は、不良債権になるおそれや預金者保護の観点から貸出に応じられないことは先に書いたとおりです。

銀行は、正常先からの借入申出に対しても、貸出に応じないという結論を出すことがあります。たとえば、借入申出内容の資金使途と金額の検証を行い審査した結果、過大投資のため返済が困難であると判断した場合、あるいは事業主体や事業内容に疑義がある場合（反社会的勢力は当然、そのほかにも公序良俗に反する事業等）、商品・事業の将来性に限界がみえる場合なども貸出に応じられないという判断を行うことがあります。現時点で正常先であっても、新たな貸出によって事業リスクが増大する懸念、業績不振に陥る懸念があるならば、「貸さぬも親切」という判断を行います。借入申出した企業の立場からみれば、思うような借入れができなかったという

不満から、これを「貸渋り」というかもしれませんが、銀行は「貸渋り」したのではなく、審査した判断の結果であるということです。

しかし、審査した判断の結果、貸出に応じられないというなかにも、貸すことができるのではないかといわれるような状況があるかもしれません。すなわち、モラルハザードによる銀行の消極的態度があるとすれば、銀行は審査・判断の実態を見直すことが必要になる場合もありうると思います。それは、貸出業務について高次元で判断できる者がリスクテイクすることで貸出可能になることもありえます。

支店長から若手担当者までが、貸出業務に関する勉強をもっと行い、経験を積み、業務に精通すれば、審査力と判断力が向上します。そして、銀行法第一条（目的）に記された、「金融の円滑を図り」「国民経済の健全な発展に資する」という法文を意識してより真摯に貸出業務に向き合うことで、貸せないという判断を貸せるという判断に変えることにできる可能性があります。すなわち、銀行は、「借りたい」という企業ニーズに対して、短絡的に「貸せない」という結論を出すだけでなく、「貸せるようにするためには……」と一歩踏み込んだ貸出姿勢で検討し、リスクテイクすることまで考えることが求められています。世間から「貸渋り」と批判されるような消極的態度は、貸出業務を担っている者の審査能力・判断力のレベルが高くないからだといえなくもないと思います。

「貸渋り」は、「借りたい」という企業ニーズに対して「貸せない」という結論に対する不満でもあり、そのミスマッチを解消できないかと考える努力は銀行側もやらなければいけません。

そもそも、銀行の本音は、貸出を渋るどころか、貸出をもっと大きく伸ばしたいと思っています。なぜならば、本業であり、収益源だからです。だからといって、貸出金額の数字を伸ばすために、資金需要がない企業に対して〝お願いベース〟で借入れを頼む姿勢は感心しません。

第3項　貸出判断能力をチェックする

1　銀行の本業のなか、貸出業務が預金・為替と違う点は、貸すか貸さないか、貸すとする場合の条件（金利、期間、担保等）はどうするか、という「判断」が伴うということです。貸出業務は判断業務であるといえます。貸出判断に関するマニュアルはありません。判断業務を行うためには、業務遂行に必要な知識と経験が求められます。
この銀行員の貸出判断能力は明らかに低下しています。その原因は三つあります。一つ目は、個人の勉強不足です。二つ目は、銀行における教育指導体制の問題です。三つ目は、コンピュータ利用等による弊害といわれる副作用です。以下に、それぞれの原因について簡単に説明します。

①　個人の勉強不足

財務分析と法律の基礎的な勉強が足りないと思います。銀行は、人事部（研修担当）が指定した通信教育が終了したから必要知識は身についているはずと思っていたら大間違いです。基礎知識については行内で試験を実施することでレベルチェックする必要があると思います。

②　教育指導体制の問題

集合研修に参加させれば知識が身につく、あるいはレベルアップを図ることができるという考えは甘いと思います。現場におけるＯＪＴによる教育指導が重要ですが、指導する側（上司・役職者）の知識水準と道徳倫理観が正しく真っ当なものであるかが問題になります。間違ったやり方や考え方を教えられては困ります。すなわち、指導者の再教育の必要性も問われます。

また、現場では業績志向の意欲が強く、ＯＪＴは形骸化し、真のＯＪＴ教育は実践されていない現実があります。

③　コンピュータ利用等による弊害

決算分析・取引先概要表・その他資料はコンピュータで自動作成されるようになり、担当者自らが時間をかけてその作業を行わなくなりました。その結果、決算分析ができない、決算書を読めない、取引先の企業概要が頭に入っていない、事業内容を詳しく知らない等々の弊害が

出ています。便利さがシステムとして定着する副作用として、自ら考える力・覚える力が脆弱化しています。

2 貸出判断の基本は、借入申出の内容の妥当性を検証することから始めなければいけません。ところが、そのような検証を行う前に、「貸したい」という「結論」が先にできあがっている人がいます。そのような人は、目標数値の達成が目的にあり、数字の積上げが第一のねらいのようです。そのため、貸出判断の専決権限者（支店長または審査部長）から、案件が否認されないように、稟議書には貸出先となる企業の悪い情報やリスク等は書かず、承認が得られやすいような都合よい所見だけを書きます。

これは、貸出判断を都合よくすり抜ける行為であり、これでは正しい判断・決裁はできません。このような行為は多くの銀行で行われていると思います。実際、「貸出の数字を伸ばすため（＝目標を達成するため）にはウソの稟議書を書く」と、筆者に向かって堂々と？（恥ずかしいとも思っていない様子で）言った若手行員がいます。そういう稟議書であると気づかないのは、決裁権限者が真剣に稟議書を読んでいないのか、それとも決裁権限者の判断レベルが低く、見抜けないからかもしれません。また、そのような稟議書であると気づいていながら貸出稟議を承認する決裁権限者は、審査より数字を伸ばすことのほうに関心が強い人といえます。

このように、貸出業務において最も重要な審査・判断という行為・プロセスをないがしろにす

る人がいます。真剣に、真面目に、そして真っ当な貸出業務を行わない人は貸出業務から外すべきです。その行為は、クレジットポリシーや倫理規程に抵触するコンプライアンス違反であり、その結果が不良債権になるならば背任行為ともいうべきことです。このような実態が野放図にされているとしたら大変です。

貸出業務の本質は残高を増加させることではありません。貸出先の事業経営に資するために必要な資金を貸出するとともに、事業の成長と発展に役立つ付加価値情報の提供を行うことが貸出業務の本質です。

3 貸出判断力を高めるためには、貸出業務に関わる必要な勉強を行い、経験を積むことが大事です。にもかかわらず、多くの銀行は、その判断を合理化・効率化するというねらいで、コンピュータに委ねたり、スコアリングの手法を導入するなどしました。その結果はどうだったでしょうか。その施策によって、健全な貸出資産が大きく積み上がったという成功事例は聞いたことがありません。むしろ、これらの施策を行った結果は、貸出金額は伸びたものの、このやり方で行った貸出において発生した不良債権の割合（限界的不良債権比率）が高かったという結果を聞きます。

貸出判断は健全な貸出業務を行うための原点であり基本です。そこに銀行の審査能力のレベルが現れるともいえます。貸出判断の王道は、決算書を財務分析する（定量分析）だけではなく、

経営者の経営能力・人柄や業界動向・事業内容の将来性等の実態把握（定性分析）を併せ行うことです。

コンピュータ審査は定量分析の合理化に資することになりますが、入力数値が作為的なもの（審査に通る決算書を作成するブローカーの存在）であった場合の結果は正しいものではありませんし、また定性分析による情報が欠けています。

スコアリングは、定量的・定性的な諸点・事項を点数化することで、審査に費やす時間とコストを削減する効果はありますが、そもそも貸出判断の本質から逸脱した方法だと思います。そもそも、リレーションバンキングを志向するという銀行が、リレーションせずスコアリングで貸出判断を行うこと自体が矛盾しているように感じます。

筆者は、貸出判断をコンピュータ審査やスコアリングで代用することは邪道であると考えます。それぞれの導入理由や効果について議論する以前の問題として、筆者は次の三点を考えなければいけないと思います。

① リレーションバンキングとは、「借り手企業の経営者の資質や事業の将来性等についての情報を得て、融資を実行するビジネスモデル」（金融庁）であると定義しているにもかかわらず、貸出先と相対して実態把握を行うという重要な基本的行動より、審査に時間とコストをかけないという考え方を優先することでよいのだろうか。

② スコアリングモデルに沿って作業を行うことで貸出の可否についての判断は思考停止状態に陥り、潜在的なリスク発見に対して無感覚にならないだろうか。

③ 定量的・定性的分析を自ら行わなくなることで、審査能力が低下するとともに、貸出担当者育成における教育指導面で好ましくない。また、組織として審査のノウハウを蓄積し伝授することができなくなる。

4 右記①〜③で記したとおり、貸出担当者の貸出判断能力は明らかに低下していると思います。そのことは、筆者が全国で一五〇回を超す貸出研修を行って強く実感するところです。貸出判断能力の低下は、貸出業務において二つの側面でモラルハザードが生じています。一つは、信用保証協会の保証に頼る姿勢です。もう一つは、数字を積み上げるために行う恥ずかしい行為です。

信用保証協会を利用することに問題はありません。信用保証協会は中小企業金融の円滑化を図る（信用保証協会法第一条目的）役割を担っています。ところが、貸出判断能力が低下した担当者が信用保証協会を利用するとき、自ら審査を行わない（信用保証協会へ丸投げ）、債権管理を行わない（倒産しても信用保証協会の代弁ありという意識）、等のモラルハザードがみられます。

5 銀行の経営者は、右記**1**〜**4**の実態に気づき、問題点は承知していると思います。多くの銀行において「貸出業務担当者の人材育成」が経営課題としてあげられています。貸出担当者のレ

ベルが低いという問題点を認識していながら、適切な解決策が見出せず（あるいは施策を打つも効果なく）、貸出担当者の育成が図られていないまま、現場では日々、貸出業務が行われているのが現状ではないでしょうか。

貸出業務は銀行の本業であり、収益を得る大黒柱です。真っ当とはいえない貸出業務を行うことは、不良債権をつくることにつながり、そのことが、銀行経営を脅かす事態になることは、バブル崩壊後に学んだことです。

銀行法第一条（目的）の「業務の健全かつ適切な運営を期し」という条文に記された「業務」とは、実質的に貸出業務を指していると考えられます。銀行の本業は預金・貸出・為替ですが、預金と為替はシステムとマニュアルに基づき行うことで健全に運営されます。しかし、貸出業務は「判断」が求められます。貸出業務における判断とは、可否・正誤・真偽・善悪などについて自分の考えを決めることです。判断のもととなる根拠として、知識・情報・経験・勘などがありますが、同じ根拠からも人によって異なる判断結果が示されることがあります。判断業務には主観が入るからです。ゆえに、担当者の一次判断について、その妥当性をチェックする体制が必要であり、それが組織階層であり、専決権限者の役割といえます。

貸出業務において判断を間違えれば、銀行にとってよくない結果につながるおそれがあります。このことからも、自分の頭で考え、正しい判断を行い、真っ当な貸出業務を行うことができ

る担当者の育成は、銀行経営にとって必要かつ重要であることが理解できると思います。

繰り返し何度も言いますが、銀行にとって貸出業務が収益の根源であり、最も重要な本業であります。企業経営にとって本業は顧客と社会から信頼されるべき柱でなければいけません。貸出担当者が、自分では考えない、自ら判断できない、道徳的倫理観もない、しかし数字だけは何とかしてつくる……ということでよいのでしょうか。

第4項　金利競争ではなく価値競争で勝つ

1　多くの銀行で行われている貸出業務は、勉強不足の担当者が、数的実績をあげて評価されたいという下心で数字競争をしている様相がみられます。本部から与えられた貸出金の増加目標、それに伴う収益目標額を達成するために、「顧客第一」「顧客満足」というスローガンを忘れ、「銀行第一」「銀行満足」の行動に走っているようです。貸出業務の本質、貸出先の経営に資するか否かという発想の真っ当な貸出は行われていないようです。
銀行に限らず、あらゆる産業・業界において、本業とする仕事は顧客と社会から絶対的に信頼されるべき柱でなければいけません。また、本業に従事する者はプロといわれる存在でなければいけません。

しかし、第3項で述べたように、多くの銀行の貸出業務担当者はプロといえる水準に至ってい

ません。そういう人たちが行っている数字競争をみると、他行より金利を引き下げて貸出案件をとる、ボリュームを増やすという行動をとっています。まるで、貸出を商品と見立てて安売りすることで売上げ（貸出残高）を伸ばしています。

筆者は、金利引下げ競争で貸出残高を伸ばそうとしている実態をみて、次のように言っています。「金利引下げ競争によって獲得した貸出資産が不良債権になっては「貸出の安売りバブル」といわれてしまいます。」（拙著『貸出業務の信質』二〇一二年、金融財政事情研究会、一〇九頁）

銀行は、金利を引き下げることで貸出残高を伸ばすことを続けていてよいのでしょうか。金利を引き下げれば、貸出は増加すると信じているのでしょうか。

2　他行より金利が高いので、貸出案件を他行にもっていかれたという人はたくさんいます。「おたくの銀行はA行に比べて（貸出）金利が〇・一％高いからA行から借りることにした」と言われたとき、社長の説明を鵜呑みにする前に考えてみてください。たとえば、一〇〇〇万円の借入れの場合、〇・一％の金利差は金額では年間一万円の差です。〇・一％高い（一万円）という理由で他行から借入れすることにしたと言う社長さんが乗っている車や着ている背広や腕時計をみて、その社長は一万円のコスト節約意識をもっている人にみえますか？

貸出残高を伸ばすためには、金利競争（低くする）に勝たなければいけないと信じて疑わない人がいます。金利を低くすれば貸出は伸びるでしょうか。その考え方は正しいでしょうか。

「価格」は、「ものの値打ちを金額で表したもの」（『広辞苑』）です。乗用車でもビールでもテレビでも、同じ機能をもつ商品でもメーカーが異なれば価格は違います。それは、性能・機能・デザインだけでなく、サービス体制やブランド力も影響して価格に差が出てきます。しかし、お金という商品はどこの銀行においても、銀行の信用度（＝格付）が違っても、お金の価値は変わりません。

ということは、顧客が銀行から一〇〇〇万円を借りるとき、どこの銀行から借りても一〇〇〇万円の価値は同じであるならば、借入金利の低いほうを選ぶのは当然です。しかし、筆者が問題視することは、借りる側のその考え方に呼応して、貸出残高を増大させるために他行より低い金利を呈示すればよいという短絡的な考え方は正しいでしょうか、ということです。貸出先に呈示する金利水準を他行より低くするとき、信用度・採算・調達コストを考えていますか。低い金利で貸出残高を伸ばすことが本当に銀行経営のためになっているかを考えたことがありますか。目先の数的増加目標を達成するためだけにやっているとしたら問題です。

銀行は適正な貸出金利を設定することで、採算管理＝適正な収益を確保しなければいけません。収益を犠牲にして、あるいは収益額を最小に抑えて貸出残高を増やすことが経営にとって大事なことでしょうか。

以下の話を読んで考えてみてください。

あなたが日々の昼食に費やす金額を五〇〇～一〇〇〇円の価格帯としましょう。これが一〇倍の五〇〇〇～一万円の昼食に誘われたとき、あなたはどう思いますか。昼食代としてそんな大きな金額は払いたくないという気持ちになると思います。しかし、恋人や愛妻と行く特別な記念日のランチであったら五〇〇〇～一万円くらいなら奮発してもよいと思うかもしれませんね。なぜでしょうか？　五〇〇～一〇〇〇円の昼食は空いたお腹を満たすために使う金額であり、五〇〇〇～一万円のランチは別の目的で使う金額です。食事をつくる側の立場で考えると、空腹を満たす目的の昼食は、毎日食べに来てくれる人が使う金額を意識してつくります。二〇〇〇円、三〇〇〇円の昼食メニューであるとお客様は来なくなります。一方、五〇〇〇～一万円のランチで満足を得るためには、美味しくなければいけません。そのためには高級食材・料理人の腕が必要であり、また店の雰囲気や心のこもったサービス等も重要です。

客の視線からみたとき、毎日行く食堂とは別に特別な日のランチを食べに行きたくなるレストランも知っておきたいと考えるのは自然ではないでしょうか。そのレストランをメインバンクとして考え、空腹を満たす食堂は単にお付合いするだけの銀行と置き換えて考えてみてください。

高いランチを提供して満足を得られるレストランは、高級食材を仕入れ、料理人の腕は確かでなければいけません。それは貸出担当者の能力水準を表し、雰囲気・心のこもったサービスとは企業経営に必要な法律・財務・税務・経営等の情報提供に心がけ、経済金融・業界動向を知ら

せ、誠実な対応に心がけるということです。金額が少々高くても、美味しくて、サービスがよければ満足を与えることができるように、他行より金利が少し高くても借りてもらえるはずです。

さて、この話から筆者が言いたいことは、空腹を満たすために食べる昼食には一〇〇〇円以上は使いたくないように、必要金額を調達するだけを目的とする企業は低い金利を呈示した銀行を選ぶという理由はわかります。しかし、貸出業務を本業として生きる銀行は、いつまでも安い昼食を提供し続ける食堂でいいのでしょうかということです。おいしい料理と満足する時間を与えてくれるならば、金額が高い料理でも食べたくなるように、事業経営に役立つ情報や付加価値を提供し、誠実な対応をしてくれる銀行であれば、少々高い金利を支払ってもよいと考えるはずです。それが銀行のブランド力の差ではないでしょうか。

一〇〇〇万円の価値はどの銀行においても同じですが、貸出先の事業経営に資する付加価値を提供し、情報生産を行い、信用される銀行・銀行員であれば、借入れする企業経営者も他行より高い金利相応分の価値を認めてくれるはずです。

3 筆者が貸出業務の研修でいつも言っていることは、「金利（価格）競争ではなく価値競争で勝つことが大事」ということです。

貸出金利を低くするということは、貸出業務に関して役に立つ付加価値やサービスを提供でき

ないので、せめて金利を低くするから借りてくださいと言っているようなものです。金利競争に勝った（他行より低い金利）ということで喜ぶ人は、借入人のために何ができるか、何をしなければいけないかという命題を考えずに、低次元の数字競争をしているだけということさえ気づいていない人です。

金利競争を回避し、借入先の事業経営に資する付加価値を提供し、借入先が知覚する情報を拡大生産することが大事なのです。借入れする企業もそれを求めているのです。それに応える力が銀行のブランド力であり、適正な貸出金利が銀行に持続的かつ安定的な収益をもたらします。そして信用と信頼を盤石なものにします。

現在の低水準の金利状況から、金利引下げ競争はいずれ限界がきます。限界が来るまで、低金利競争を行い、個々の局面で勝つことができたとしても、それは安定的・持続的な競争優位になったということではありません。価値競争が重要であるということは、貸出業務の質的側面において持続的優位に立つことを意味します。

そのためには何をしなければいけないか？　まずは勉強することです。貸出業務に必要な知識の基礎固めを行ったうえで、専門知識を得るまでに自己啓発を行うことが求められます。努力をしないで成長できません。

第5項　「信質」という考え方

1　本章でもう一つ付け加えおきたいことがあります。それは、前項で書いた「価値競争で勝つ」ということは、銀行・銀行員は貸出業務において、担当者の質と業務内容の質を高めるということが求められます。

貸出業務に携わる人に求められることは「信用」「信頼」の「質」であり、また、貸出業務の遂行に際して求められることは正しい考え方と道徳倫理観の「質」であると考えます。

メーカーでは「品質管理」「品質保証」という部署があり、消費者・社会に対して本業に関する生産技術・生産工程、また製品に対する責任体制を明確にしています。しかし、銀行は本業で最も重要な貸出業務に対してどのような責任体制で臨んでいるのでしょうか。貸出業務の本質を忘れ、貸出先の事業経営に資することより、目標数字の達成を目的として、実績・人事面で評価をもらうことに担当者の意識が向いているように思います。貸出業務に携わる人材のレベル低下、貸出業務遂行に際する判断力の低下と道徳倫理観の欠如がみられるようでは、人材と業務の質に対して、銀行は無関心あるいは無責任と批判されても仕方ありません。

品質を重要視するメーカーのものづくりと違い、銀行はお金を扱い、信用を重要視します。そこで、メーカーが使っている「品質」に替えて、筆者は「信質」という言葉をつくりました。

に書きました。

「信質」という言葉は筆者の造語です。その意味は、前掲『貸出業務の信質』において次のよう

「貸出業務の基盤は、いうまでもなく銀行と貸出先との間に「信用」と「信頼」の絆（関係）が存在することです。貸出業務に携わる者は貸出先に対して「信義」「誠実」の心をもって接しなければいけません。

また、貸出業務の遂行にあたっては、同業務の「本質」を理解したうえで「真っ当な貸出」を行わなければいけません。「真っ当な貸出業務」を遂行することによる業務の「質」の問題は、銀行と貸出先の両者が共通の認識として理解し合える思想であるといえます。銀行と貸出先は、債権者と債務者として取引上は相対立する立場ですが、貸出業務に関する「質」の問題は同次元に位置する概念でなければいけないからです。

一般的に、「質」とは、品物の質、サービスの質を指しますが、貸出業務の「質」を考える場合は、業務の質だけではなく、それを行う担当者の質についても包括してみなければいけません。すなわち、貸出業務における「質」の管理は、業務内容にとどまらず担当者の問題でもあるとして受け止める必要があります。

松下幸之助は、〝ものづくりは人づくりから〟という考えから、「品質管理は人質管理である」と言い続けていたといいます。銀行の貸出業務において、松下幸之助が言わんとする意

味を表す言葉は何といえばよいでしょうか。

銀行の財産は「人」であることから、貸出業務に携わる人に求めることは「信用」「信頼」であり、その貸出業務について求めることは正しい考え方の「質」と、それを遂行する人のレベル＝「質」も重要であるという考えから「信質」という言葉をつくりました。」（同書三〇三～三〇四頁）

2 貸出業務に携わる者は、「信質」意識をもって「真っ当な貸出」を実践してほしいと思います。

銀行員は、勤勉・努力・真面目さ・誠実さ・思いやりの心というものをもっています。一人ひとりが「信質」ある行動をとることで、銀行も「信質」を取り戻すことができると思います。

銀行は、貸出業務に携わる人材の質と業務内容の質を保証することができますか。「信質追求」「信質第一」をスローガンに掲げ、「信質管理」「信質保証」を担う部署が必要であるという発想は出てこないのでしょうか。

品質管理が行われずにつくられた商品、品質保証がされていない商品をあなたは買いますか？銀行目線で考えず、顧客目線で考え直すことが重要です。

銀行において、「真っ当な貸出業務」という誇れる文化と伝統を受け継いでいくのは「信質DNA」であると考えます。「数字DNA」ではありません。筆者は、銀行・銀行員は、基本的に

は良き「信質ＤＮＡ」をもっていると信じています。そのもっている「信質ＤＮＡ」を復活させることが、銀行だけでなく、日本経済をよくすることにつながると考えます。

第2章

銀行における
コンプライアンスを考える

第1節　「早割り・早貸し」を事例にしてコンプライアンス意識を考える

第1項　〈事例〉筆者の研修講義

筆者が行っている貸出研修の場面を実際に再現してみます。以下を読み、あなたはどのように感じますか。

〈私の講義〉

「銀行の収益は真っ当な業務から生じるものであるべきです。銀行が得る収益は貸出先との信頼関係に基づき発生するものに限るべきです。しかし、銀行員は、この道理を覆して、数値目標を達成することが優秀であると評価されることから、実績考課や人事評価を得るために、過度な収益欲望を掲げ、次のような恥ずかしい行為で収益アップをねらう者がいます。

たとえば、早割り・早貸しという行為です。借入人は月末日に割引または融資を実行してもらえれば資金繰りは回るという状況であるにもかかわらず、銀行側が実行日を前倒し（たとえば、一五日、二〇日）させてほしいと強く依頼し、早割り・早貸しを行います。その意図するところ

は何か……それは、実行日を早めることで、貸出金の預金滞留日数を長くすることで預金残高（平残）を高め、また、貸出平残を上げることができ、かつ前倒しした一〇日～一五日間分の割引料・貸出金利息を収益として余計に稼げるからです。

この早割り・早貸しという行為は銀行が自らの収益目標を達成するために行うものであり、その最大の問題点は借入人に損を生じさせることにあります。借入人は、銀行からの前倒し実行の要請に応じることで、本来支払う必要がない割引料・貸出金利息が営業外費用として発生し、経常利益をマイナスさせることにつながります。要するに、銀行が行う早割り・早貸しは、借入人の利益減少をもたらし、それを銀行の収益にする行為といえます。

これは、借入人が銀行に対して資金繰り上必要な借入申出の依頼を行った際、銀行は借入人からの申出依頼内容を越え、銀行自らの収益の増進をねらった行為といえます。借入人に損失を生じさせ、それを銀行の収益にするということは利益相反の問題に抵触しないのでしょうか。各銀行のコンプライアンス管理部署はこのような行為をどのように認識しているのでしょうか。このような行為は問題ないと考えているのか、それとも問題があるかもしれないがあえて問題視しないということでしょうか。

視点を変えてみた場合、「顧客第一」「顧客満足」というスローガンを掲げている銀行がこのようなことを行うことは、自ら掲げたスローガンに反することを行っているということです。それ

は、言っていることとやっていることが違うことであり、信用を失う行為といえます。早割り・早貸しを行っている銀行が掲げる「顧客第一」「顧客満足」というスローガンは、実態として「銀行第一」「銀行満足」と言い換えられるべきであり、道徳倫理観に照らし合わせてみたとき「恥ずかしい行為」と言わざるをえません。借入人が望まないことを銀行は無理にお願いして、それを自分の収益アップに利用している銀行は、借入人から信頼を失うばかりか、社会的にも信用を失墜することになります。

銀行は自らの収益を得るため、借入人に損を生じさせていることについて、どのように思っているのでしょうか。自らの道徳倫理観に照らし合わせてみたとき、そのような行為を恥ずかしいと思っていないのでしょうか。早割り・早貸しという行為について、銀行は数的目標を達成するためには当然に行うべき常識的方法と考えているのでしょうか。自らの実績考課・人事評価を得るため、また数的目標を達成する方法として、借入人に損を生じさせてそれを自分の収益の実績とすることになんら疑問を感じない人に対して、筆者はその人の人格と品性を疑います。

この筆者の講義を聞いた受講者の反応を以下に書きます。

〈入行三年目の若手の反応〉

A君：「私も先生のおっしゃるとおりだと思います。早割り・早貸しはお客様にとっては迷惑なことではないかと思っていたので、ある時、先生と同じ考えを支店長に言ったことがありま

す。そうしたら、支店長に〝お前が俺に意見するのは一〇年早い〟と言われ、黙ってしまいました。」

B君：「私も、早割り・早貸しというやり方に疑問をもちました。お客様の本音は嫌である（望んでいない）と思い、支店内の会議でその旨を発言しました。そうしたら、支店長から〝数字で実績をあげていないお前に、そんな意見を言う資格はない。黙れ！〟と言われました。」

C君：「私も先生のおっしゃるとおりだと思います。しかし、支店長からくる指示は、先生の考えとは正反対、〝早割り・早貸しして数字をあげろ、収益を稼げ〟というものです。研修で習っても、現場では研修で習ったことと正反対の指示がきます。それをやらないと怒られます。こういう研修を支店長相手に行ってほしいと思います。」

〈支店長研修における反応〉

甲支店長：「先生の言われたことはわかります。でも、われわれは銀行の業績をあげるためにやっている。また、早割り・早貸しについて悪いことをしているように言っていますが、これは法律に違反する行為ではありません。」

乙支店長：「早割り・早貸しを行うねらいは先生がおっしゃるとおりですが、これは目標達成するためにだれもがやっていることです。貸出先に対して強引にやるのではなく、ちゃんとお客さんにお願いして、了解を得てからやっているので問題はないと思います。」

丙支店長：「早割り・早貸しは昔から行われています。数字をあげるための方策として常態化していますが、お客様から文句やクレームがきたことは一度もありません。」

早割り・早貸しという行為が、残高や収益をあげるための方法として当たり前のように行われていることに疑問を投げかける若い人たちに対して、支店長たちは「これは常識だ、銀行のため、目標達成のため、昔からやっている、お客から文句を言われたことはない」と言っている実態がうかがえます。

若い人たちは、旧世代が当たり前のように行ってきた早割り・早貸しという行為について、疑問に感じて意見するも、上司である支店長の旧態依然とする考え方は揺るがず、支店組織の上下関係から若い人たちはそれに束縛されています。

まるで、カトリック教会の天動説に対し、地動説を唱えても受け入れられなかった中世ヨーロッパの状況みたいではありませんか。若い人たちは、銀行での経験は浅く、それだけにピュア（純粋）に感じたことを素直に話します。早割り・早貸しという行為について、数的目標を達成するためには必要であるといわれても、方法論としておかしいと感じ始めている人がいることがわかります。この若い人たちは、ルネサンスにおいて新しい生き方の手本をキリスト教以前の古代ギリシャ・ローマ人の生活や考え方に求める動きのように思えます。早割り・早貸しという行為は、数字づくり・収益アップを図るために行う常識というのが旧来（現在）の教義ですが、そ

れはお客様が望まないことであり、お客様にとって迷惑なことであることに気づいています。しかし、若い人たちは、古くからの教義に従うべきか、それとも「それはおかしい」という声をあげるべきか悩んでいます。その悩みは、カトリック教会の教義を覆すほどにむずかしいと感じています。なぜならば、支店長や先輩の多くが、その教義を信じ込んでいるからです。

第2項 〈事例〉に対する筆者の所見と説明

この問題を考えてもらうために、私は三つの資料を用います。なぜ資料を用いて話すかといえば、銀行という組織においては、同じ内容のことでも、だれが言ったかによって受け止め方が異なることを知っているからです。無名の筆者の説得より、同じ内容でも名の知れた者、権威ある機関が言っている事実を示したほうが説得力があるからです。

若手の意見が私の話と同じであっても、支店長の態度は、若手に対しては厳しく「聞く耳はもたない」雰囲気ですが、講義で外部講師の私が話すと、一応は「聞く耳をもつ」ということです。そこで、支店長を相手に講義するとき、無名な講師の私が自分の考え方で説得するより、著名人や権威ある人や組織の見解を示すことが有効であると考えるからです。

あなたは以下の三つの説明を読み、従来の自らの考え方を改めるべきと思いますか、それとも、いままでの考え方でよしと納得する材料に思えるのか、どちらでしょうか（引用文におい

て、傍線は筆者が引いたものです）。

(1) 一つ目は、京セラの稲盛和夫氏の著作『実学―経営と会計―』（一九九八年、日本経済新聞社）からの引用です（同書二一七～二一八頁）。

「以前、「歩積み・両建て預金」というものが一般的に行われていた。（中略）社内で銀行の方から申し入れのあった歩積み率の引き上げが話題になった際に、私はむしろ歩積みそのものがどうしても納得できないと考えて会議でその旨発言した。しかし、経理を担当する者をはじめ周囲からは、歩積みをするのは常識であって、それをおかしいなどというのは非常識きわまりないと笑われて相手にもされなかったことがある。

その後まもなく、このような歩積みや両建てという慣行は、銀行の実質収入を上げるための方便に過ぎないと批判され、廃止された。これを見て私は、「いくら常識だといっても、道理から見ておかしいと思ったことは、必ず最後にはおかしいと世間でも認められるようになる」と自信を持った。」

銀行員は、早割り・早貸しという行為が、一般経済社会において道理に適っている行為であると思っているのでしょうか。それとも、道理からみておかしいと自覚しているが、社会的批判が沸き起こっていないので、続けていても問題はないと思っているのでしょうか。あるいは、批判されたらやめればいいのであって、批判の声が沸き起こらなければ収益稼ぎになるのだから続け

ていようという考えなのでしょうか。どちらにしても、悪いことと感じ、疑問に思っていても、金融庁から指摘され、叱られない限り、また、マスコミ・世論から批判される事態に陥らない限り、自浄作用が効かないのがいまの銀行の体質なのかもしれません。

もし、「歩積み・両建て預金」と同じように、「早割り・早貸し」は、銀行が自らの収益をあげるために顧客に損をさせる行為であると、社会・マスコミから批判されるような事態になったらどのようなことが想像されるでしょうか。おそらく、上に立つ人は「そんなことをやっているとは知らなかった」、あるいは「収益を稼ぐために、そこまでやれと言ったことはない」と言うのではないでしょうか。

(2) 二つ目は、『金融危機の教訓』(二〇〇九年、商事法務)に掲載されている元金融庁長官五味廣文氏の話です(同書一〇五〜一〇六頁)。

「自由度の高さが必要だからといって放任しておくわけにはいかないので、法律が最小限のことしか決めていない中で自由度を確保できるためには何をしたらよいかというと、それはやって良いことと悪いことが法律に書いていなくても、取引を行う当事者が社会通念上の判断でケースに応じて判定できると。(中略)一律のやり方がないから何をやってもよいかというとそうではなくて、その場面に適しただ一つのやり方を的確に選択して実行してもらうことが必要なわけですね。

それは法律では書けないです。書こうとしたら全部禁止するしかない。そういう自己規律で金融に携わる者の倫理規範からして行うべきことを確実に行う。あるいは行ってはならないことは法律違反でなくても行わない、法律の義務付けの有無や禁止の有無と関係なくそうした判断ができるという、こうした状態を確保していく……。自由には規律が伴うのですよ。」

「早割り・早貸しは法律違反ではないから、やっても問題ない」と言う支店長がいました。しかし、五味元金融庁長官は、「法律に書いてなくても、やっていいこととやってはいけないことは社会通念の良識で判断することが大事である」と述べています。

法律に反する行為に対しては法的責任があります。しかし、法律に違反していない場合でも、法的責任以外に社会的ルールを犯した場合は社会的責任、政治的責任があります。あるいは立場上における道義的責任、説明責任等々があります。公共的使命をもつ銀行に働く者として、まして経営管理職の立場にいる人が、法律違反していなければ問題はないと主張する考え方、言い換えると、法律に違反していなければ何をしてもよいという考え方に賛同する人はどれほどいるでしょうか。

経営者や支店長は、「法に触れていなくても、道徳的・倫理的に疑義がある行為は行わない。したがって、早割り・早貸しは行ってはいけない」と明確に宣言することが大事です。しかし、

そのようなことを明言する人はいません。そして、前述したとおり、この行為が社会問題化したとき、おそらく「そんなことをやっているとは知らなかった」あるいは「収益を稼ぐためとはいえ、そこまでやれと言ったことはない」というコメントが出されると思うのは筆者だけでしょうか。

(3) 三つ目は、バーゼル銀行監督委員会の「コンプライアンスおよび銀行のコンプライアンス機能」(日銀訳、二〇〇五年四月)の「はじめに」に書かれている次の文章です。

「コンプライアンスは、正直さと誠実さの基準が重視され、取締役会と上級管理職が範を示すような企業文化において最も効力を発揮する。(中略)銀行は、業務の遂行に際して自らに高い規準を課し、法律の文言のみならずその精神を遵守するよう常に努力すべきである。……」

コンプライアンスについてバーゼル銀行監督委員会は、「法令等の遵守」だけを言っているのではなく、「正直さと誠実さが重視され」「法律の文言のみならずその精神を遵守するよう常に努力すべき」と書いています。このことは、五味元金融庁長官が、「自己規律で金融に携わる者の倫理規範からして行うべきことを確実に行う。あるいは行ってはならないことは法律違反でなくても行わない」「法律の義務付けの有無や禁止の有無と関係なくそうした判断ができるという、こうした状態を確保していく」と述べていることと同義であると考えられます。法律は道徳の最

低ラインであるということを知らなければいけません。法律に反していなければ何をしても構わないという考え方は世の中に通りません。

また、「取締役会と上級管理職が範を示すような企業文化において最も効力を発揮する」と書かれています。「コンプライアンスは経営の最重要課題」と謳っている銀行の取締役や上級管理職（支店長等）が、〝早割り・早貸しは収益稼ぎに寄与し、法律にも違反していないので、その行為は問題ない〟としていることこそが問題なのではないでしょうか。

さらに、「正直さと誠実さの基準が重視される」ことにも注目する必要があります。「正直」「誠実」という言葉は抽象名詞です。筆者は、銀行員は数詞だけでなく抽象名詞も大事にしなければいけないと考えます。特に、数字では表すことができない「信用」「信頼」「正直」「誠実」、さらに「責任」「絆」等の言葉を大事にする必要があります。

銀行が、借入人に損（支払う必要がない割引料・支払利息）をさせて、それを銀行の収益にする、それも自分が評価を得るために行う行為であるとき、銀行員という前に人間として恥ずかしい行為であると感じないのでしょうか。早割り・早貸しという行為を行っている銀行員は「正直」「誠実」ということが大事であるという認識はもっていないのでしょうか。

第3項 〈参考〉投資信託の回転売買を意識した金融庁の監督指針改正

金融庁は二〇一四年三月七日付で「金融商品取引業者向けの総合的な監督指針」の一部改正を行いました。その内容は、投資信託の回転売買による手数料稼ぎの販売方法に見直しを求めるものです。具体的には、証券会社が手数料収入目当てで行う回転売買の行き過ぎを抑制するため、回転売買自体を禁止するのではなく、営業員の評価に関しての留意事項というものを新たに設けました。その具体的な改正（新設箇所）は次のとおりです。

「金融商品取引業者向けの総合的な監督指針」Ⅳ．監督上の評価項目と諸手続（第一種金融商品取引業）

Ⅳ―3―1―2　勧誘・説明態勢

(9)　営業員の業務上の評価に係る留意事項

顧客の中長期的な資産形成を支援する勧誘・販売態勢を構築する観点から、営業員に対する業務上の評価が投資信託の販売手数料の収入面に偏重することなく、預り資産の増加等の顧客基盤の拡大面についても適正に評価するものとなっているか留意して監督するものとする。

この監督指針が出された経緯は、二〇一三年一二月に金融・資本市場活性化有識者会合で取り

まとめられた「金融・資本市場活性化に向けての提言」、そして大手証券会社への立入検査等を踏まえ、かつ金融庁が改正案を公表し、パブリックコメントを求めたうえで発出されたものです。

この監督指針は第一種金融商品取引業者（証券会社・金融先物取引業者）向けですが、この改正案から銀行が読み取り、学ぶべきことは、自らの収益獲得のために顧客に損をさせてはいけないという当たり前のことです。

証券会社が回転売買を勧める主な理由は手数料稼ぎにあるといわれています。そのことを指摘した裁判例があります。それは、証券会社社員による株式投資信託等の勧誘に違法があったとして争った事案（大阪地方裁判所：二〇〇六年四月二六日判決）です。

裁判所が違法と認めた理由の一つに、「無意味な反復売買・乗り換え売買について」として次のような判断を行っています（傍線は筆者）。

「投資信託などの証券取引は投資家の自己責任によって行われるものであるが、一方、証券会社は、顧客が取引を行う度に委託手数料等を取得するものであり、また、顧客を大量・頻繁に投資活動に勧誘することは、顧客の負担において証券会社が利益を得ることになるから、証券会社が、顧客の利益よりも自らの手数料収入の獲得等という利益を優先させ、顧客を不当に多量・頻繁な取引を勧誘することは許されないというべきである。

したがって、証券会社及びその従業員は、信義則上、一般の投資家を顧客として証券取引

に勧誘する場合、（中略）自己の利益を図ってはならないという義務を負っているというべきであり、証券会社がこの義務に違反して証券取引を行い、社会的相当性を欠く場合には、私法上も違法として不法行為を構成するものというべきである。」（「金融・商事判例」No.一二四六／二〇〇六年八月一日号、五七頁）

この判例は、証券会社に対する裁判例ですが、上記判決文における証券会社の利益に対する考え方は、銀行が「早割り・早貸し」「貸込み」を行って得る利息収入と同じではないでしょうか。それは、証券会社・銀行が自己の利益を得るために顧客の利益を犠牲にしているということです。ここに問題意識をもつ銀行員であれば、だれから言われることなく「早割り・早貸し」「貸込み」という「恥ずかしい行為はやめよう」と思うはずです。

第2節　銀行員のコンプライアンス意識

第1項　銀行のコンプライアンス経営

コンプライアンスは「法令等の遵守」と訳されています。「法令」とは、主として法律・政省

令を指します。「等」については、社会通念上求められる企業倫理や業界団体（全銀協、地銀協など）の自主ルール、そして各銀行が自ら定める規程・行動規範などが含まれます。

そもそも法令等は、だれから言われるまでもなく遵守するのが当たり前です。銀行に入ってきた若い人たちは、この当たり前のことを、銀行がなぜ声を大にして言い、それに対応する組織まであるのかについて、当初は戸惑うかもしれません。それは、銀行が銀行法第一条に記されている目的について理解せぬまま業務を行った結果、多額の不良債権をつくり、銀行経営の不安定さが社会問題を惹起したことに原因があることを知らなければいけません。

現役の銀行員のほとんど多くは、年齢的にも「バブルを知らない銀行員」です。バブル時代に銀行がどのような不祥事を起こしたかについても知らないと思います。そこで、どのような事件が、どれほどあったのかを知ることも必要であると思い、以下に報道された事件を記してみます（注）。なお、☆印は事件があった期に当該支店が表彰されたことを示すものです。

（注）藤原賢哉著『金融制度と組織の経済分析』（二〇〇六年、中央経済社）より転載（同書一〇七～一〇八頁）。

一九八八年　三月：第一勧銀麹町支店課長による三五億円不正融資
一九八八年　六月：三井信託渋谷支店次長による脱税事件☆
一九八八年一一月：福岡県中央信組六本松支店長による不正融資

一九八九年　四月：大生信組浅草支店長による二二億円不正融資
一九八九年　四月：埼玉銀行福生支店長代理による横領☆
一九九〇年　三月：太陽神戸銀行西野田支店長代理による顧客株券流用☆
一九九〇年　六月：相模原信組大和支店長による一一五億円不正融資
一九九〇年　八月：琉球銀行宜野湾支店長による一億円横領☆
一九九〇年　八月：向島信組葛飾支店長代理不正経理
一九九〇年一〇月：住友銀行青葉台支店長による不正融資仲介☆
一九九一年　七月：石川銀行福井支店次長一二億円手形偽造
一九九一年　七月：東海銀行秋葉原支店長代理による架空預金☆
一九九一年　八月：富士銀行赤坂支店課長による不正融資☆
一九九一年　八月：東洋信金門真・今里支店長による三四二〇億円架空預金
一九九一年一〇月：木津信金前住之江支店長（理事）による証書偽造
一九九一年一二月：富士銀行日比谷支店次長による一〇億円不正融資
一九九二年　八月：河内信組我孫子支店長ら不正融資
一九九二年　九月：日本貯蓄信組小阪支店長代理による一億円着服
一九九二年一〇月：足利銀行佐野南支店長代理が現金持出し失踪☆

一九九三年　三月：大垣共立銀行本山支店長代理がオンライン詐欺☆
一九九四年　一月：中部銀行静岡駅前支店長による不正融資
一九九四年　五月：札幌中央信組豊平支店長代理による不正融資
一九九四年　五月：名古屋銀行東新町支店長による融資詐欺☆
一九九四年　七月：コスモ信組門前仲町支店副長による二九億円詐欺
一九九五年　九月：大和銀行ニューヨーク支店で一一〇〇億円損失発覚☆
一九九六年　一月：東京銀行五反田支店長代理のよる八億円横領
一九九六年　二月：葛飾商工信組新山支店係長が一億三〇〇〇万円着服
一九九六年　三月：木津信組元二色浜支店長代理による数億円着服
一九九六年　三月：大阪信組北清水支店主任による着服
一九九六年　四月：大阪信組鶴橋・茨木支店次長の詐欺容疑
一九九六年　九月：三和銀行雪ヶ谷支店長による預り株券流用
一九九六年一〇月：さくら銀行渋谷東口支店副支店長の詐欺容疑☆
一九九七年　二月：阿波銀行板野郡支店長による横領
一九九七年　五月：旧大阪信組塚本支店長代理による横領
一九九七年　九月：鹿児島県信組志布志・串良支店次長による不正融資

一九九七年一〇月：トマト銀行林野支店長による横領☆

これらのバブル期・バブル崩壊直後の銀行の不祥事について、後藤啓二氏（注）は『企業コンプライアンス』（二〇〇六年、文春新書）で次のように書いています。

「バブル期には、銀行、証券会社等は業界挙げて（変ないい方だが、いわば正々堂々と）コンプライアンス不在の活動を行っていた。銀行では、「向こう傷を恐れるな」、「すべての預金者を債務者にせよ」などの指示がトップや本店から出されていたというし、証券会社では個人客は「ごみ」と呼ばれていたという。」（同書八九〜九〇頁）

（注）後藤啓二：元警察庁官僚、内閣法制局参事官補、内閣官房副長官補付参事官を歴任し、現在は弁護士（西村ときわ法律事務所所属）

筆者は、銀行が「業界挙げて」「正々堂々と」という言い回しには違和感を覚えますが、収益至上主義のもと、無謀な融資等が行われ、その結果、社会に大きな傷跡を残したことは事実です。

それゆえに、銀行はバブル期の行動を反省し、二度と同じ過ちを犯さないためにもコンプライアンス経営を重視しなければいけません。しかし、バブル崩壊後一〇年以上経っているにもかかわらず、次のようなコンプライアンス違反が出ていることは残念で仕方ありません。

二〇〇四年　六月：ＵＦＪ銀行監査忌避事件

二〇〇五年一二月：三井住友銀行金融商品押付販売に対する公正取引委員会の排除勧告
二〇一三年　九月：みずほ銀行の反社会的融資に対し金融庁が業務改善命令

第2項　コンプライアンスとモラル

1　コンプライアンスはあくまで法令遵守であり、モラルとは別に扱うべきであるという考え方もあります。しかし、銀行におけるコンプライアンスはモラルを含むものを考えるべきです。

バーゼル銀行監督委員会が出した「コンプライアンスおよび銀行のコンプライアンス機能」の「はじめに」の2には次のように書かれています。

「コンプライアンスはトップから始まる。コンプライアンスは、正直さと誠実さの基準が重視され、取締役会と上級管理職が範を示すような企業文化において最も効力を発揮する。コンプライアンスは銀行内の全ての人々に関わる問題であり、銀行の業務活動の不可欠な一部とみなされるべきである。銀行は、業務の遂行に際して自らに高い基準を課し、法律の文言のみならずその精神を遵守するよう常に努力すべきである。自らの行動が株主、顧客、職員および市場に与える影響を考慮することを怠れば、何ら法律違反は犯していないにしても、非常に不利なかたちで取り沙汰されて評判に傷がつくかもしれない。」（傍線は筆者）

筆者は本章第1節で「早割り・早貸し」の事例を書きました。某銀行の支店長研修の場におい

て、「法律に違反していないから問題はない」という意見があったことを紹介しました。右記引用の傍線部分を読むとわかると思いますが、バーゼル銀行監督委員会は銀行のコンプライアンスについては「正直さと誠実さ」が示され、法律についても文言の背景にある精神の遵守をうたっています。すなわち、法に触れなければ何をしても許されるわけではなく、法律を制定した背景となる事情を知り、その立法の精神を優先させて判断することが重要であるとしています。法律に明記されているかいないかで判断するだけでなく、社会的良識に照らし、何が正しいかという道徳的・倫理的な価値観で判断することが望まれます。

第1節で事例として書いた「早割り・早貸し」の行為は、借入人に損失を生じさせ（本来支払う必要性がない利息をとる）、それを銀行の収益にあげることで自己満足することであり、コンプライアンスの問題としてより、人として恥ずかしい行為ではないでしょうか。同じように、借入人にとって不必要であるにもかかわらず、銀行都合を押し付ける「貸込み」も同じように恥ずかしい行為であると筆者は考えます。

2　モラルもコンプライアンスの問題であるとしてとらえるとき、筆者が注目することは、「正直さと誠実さ」という言葉です。「正直」「誠実」という単語（名詞）は抽象概念を表すもので、目にみえません。

銀行業務を遂行するとき、文書や言葉で、建物・機械・原材料・製品、あるいは通帳・携帯電

話・パソコン・印鑑などの普通名詞、そして金額・時間など数字で表される数詞を頻繁に使います。どれも目にみえるものです。ところが、業務遂行の姿勢や顧客との関係で生じる正直・誠実・信用・信頼・モラルなどは目にみえない単語です。しかし、目にみえないこれらの言葉こそ大事にしなければいけません。

コンプライアンスの問題は目にみえるところだけで判断してはいけません。いくら数字を大きく伸ばすことができても、目にみえないところでウソをつき、信用されず、信頼を失い、心が薄汚れている人は評価に値しません。口先だけ上手にきれいごとを言っても、腹黒い人も同様です。

良寛の辞世の句に、「裏をみせ表をみせて散る紅葉」というのがあります。「裏をみせ表をみせる」という意味は、裏である目にみえないところ（正直・誠実・信用・信頼・モラル等）が本当に充実していれば、表の目にみえるところ（数的成果）にもそれが表れてくると考えるべきではないでしょうか。

サン・テグジュペリ著『星の王子さま』（一九七〇年、岩波書店）の重要なテーマは、表面の現象的世界の奥にある内面の本質的世界だといえます。筆者は、同書の次の文章が好きです。

「心で見なくちゃ、ものごとはよく見えないってことさ。かんじんなことは、目に見えないんだよ。」（同書九九頁）

「いま、こうして目の前に見ているのは、人間の外がわだけだ。一ばんたいせつなものは、目に見えないのだ……」（同書一〇六頁）

「だけど、目では、なにも見えないよ。心でさがさないとね。」（同書一一〇頁）

第3項　銀行におけるコンプライアンス態勢

1　どの銀行もホームページ等でコンプライアンスを経営の重要施策として掲げています。以下にディスクロージャーやホームページに記された地銀のコンプライアンスについての記述を紹介します。

地銀Ａ：○○グループは、コンプライアンスを経営の最重要課題の一つとして位置づけ、コンプライアンスの不徹底が経営基盤を揺るがすことを強く認識し、取締役会で基本方針を定め、誠実かつ公正な企業活動を遂行するよう努めております。

地銀Ｂ：当行は、コンプライアンスをすべての業務の基本に置き、銀行取引に係るさまざまな法令や、銀行内の諸規定はもちろん、社会生活を営むうえでのあらゆる法令やルールを遵守し、社会的規範にもとることのない誠実かつ公正な企業活動を遂行していくことが重要と考え、全行をあげてコンプライアンス態勢の強化を継続的に行っています。

地銀Ｃ：当行は信用を生命とする金融機関として、高い企業倫理の構築と遵法精神の徹底に

より、社会からゆるぎない信頼を得ていくことを経営の重要課題の一つとして位置づけ、法令等遵守に努めています。

地銀D：当行は、コンプライアンスを経営の最重要課題の一つとして取り組んでおり、その徹底のため、コンプライアンスの具体的な手引書としてコンプライアンス・マニュアルを制定しています。そのなかで、当行は地域金融機関としての責任や公共的使命を全うするため、あらゆる法令を遵守し、日頃から倫理観と誠実さに基づいて、公正で透明な行動をとることをコンプライアンスの基本方針として定めています。

この四行以外の他の銀行もコンプライアンスを経営の重要課題として位置づけています。そして、コンプライアンスを所管・担当する組織・体制、ならびに規程類についても掲載しています。具体的には、コンプライアンスを統括する部署を本部に設けて、コンプライアンス・マニュアルを作成し、行員に配布し、また、支店の現場においては支店長をコンプライアンスの責任者にして、勉強会を行うなどの活動を行っているようです。

そこで、筆者が指摘したいことは、態勢は整っているものの、これを実行して効果をあらしめなければ意味がないということです。態勢と規程を形式的に整備しただけで、行員の意識は「馬耳東風」であっては困ります。

法令・規程・マニュアル等が活字になって整備され、研修が行われていることに関しては、形

式的には問題がないように思えます。それは、銀行内の検査・監査、また金融庁、日銀等の検査・考査でもチェックされます。筆者が心配するのは、前項で書いたモラルに関してです。業務遂行に際して、収益至上主義・数字至上主義を極端に意識して、正直・誠実・信用・信頼という大事なことを忘れていないかという点です。

2　具体的に、第1節の事例で考えてみましょう。

早割り・早貸しという行為は、銀行が貸出平残をアップさせ、自らの収益目標を達成するために行うものであり、その最大の問題点は借入人に本来支払う必要がない割引料・貸出金利息を生じさせ、営業外費用として経常利益をマイナスさせることにつながることにあります。

某地銀のディスクロージャー誌には、「利益相反行為の特定」として「お客様の犠牲により、銀行が経済的利益を得るか、または経済的損失を避ける可能性がある場合」を掲げています。早割り・早貸しという行為はこれに該当するように思いますが、どうでしょうか。

第1節で書いたように、筆者が研修で伺った銀行の多くにおいて、早割り・早貸しが行われています。某地銀では、支店長自身が「早割り・早貸しは法律に違反していないから問題ない」と、筆者に反論してきました。このことを経営者はどのように考えるでしょうか。早割り・早貸しは、経営者・役員もいまのポストに昇る過程において行ってきたことがあり、このような行為が現場で行われている事実を知っていながらも、自分もやってきたことなのでやめさせることが

できないのでしょうか。問題点を承知していながらの不作為は許されないと思います。

バーゼル銀行監督委員会の「コンプライアンスおよび銀行のコンプライアンス機能」では、「コンプライアンスに関する上級管理職の責任」ということについて次のような記述があります。

「原則2　銀行の上級管理職は、銀行のコンプライアンス・リスクを有効に管理する責任を負う。

原則3　銀行の上級管理職は、コンプライアンスに関する方針を策定、周知し、それが遵守されることを確実にし、銀行のコンプライアンス・リスクの管理について取締役会に報告する責任を負う。
17　コンプライアンスの方針が遵守されることを確実にする上級管理職の義務は、違反が把握された場合に適切な改善または懲戒的措置がとられることを確実にする責任を含む。」
銀行でコンプライアンスを統括する本部部署、あるいは経営者が、自行内で早割り・早貸しが行われている事実を知っている場合、上記バーゼル銀行監督委員会の見解についてどのように考えているのでしょうか。

ここで、いま一度、第1節で紹介した京セラの稲盛和夫氏の著作『実学―経営と会計―』（前掲）の以下の文章（同書二七～二八頁）を読んでみてください。

「このような歩積みや両建てという慣行は、銀行の実質収入を上げるための方便に過ぎないと批判され、廃止された。これを見て私は、「いくら常識だといっても、道理から見ておかしいと思ったことは、必ず最後にはおかしいと世間でも認められるようになる」と自信を持った。」

日本を代表する経営者である稲盛氏が、早割り・早貸しという行為をみたとき、稲盛氏の目にはこれはどのように映るのでしょうか……と、あなたも考えてみてください。

借入人からクレームは来ていない、金融庁からダメだとは言われていない、マスコミからも指摘されていない、だから問題はない……ですむ話でしょうか。

金融円滑化法で、債務負担に苦しむ中小企業側の借入条件の変更に応じている銀行が、借入れの弁済に支障を生じていない中小企業に対しては、早割り・早貸しを行って実質収入をあげるという行為に、銀行は矛盾を感じていないのでしょうか。公に批判される事態に陥らない限り、自ら足元を見直すことができないのがいまの銀行の体質なのかもしれません。見直すことができない理由は、「他行もやっている」「数字＝収益が欲しい」ということなのでしょうか。これでは「赤信号、皆で渡れば怖くない」という言い訳としか聞こえません。

この早割り・早貸しの問題について、筆者が某地銀の支店長研修で話したところ、受講している支店長から次のような質問がありました。「早割り・早貸しを行わないで目標の数字が達成で

きますか?」これに対して、筆者は次のように答えました。

「貴行では、〝お客様目線に立って、誠実に業務を行う〟とディスクロージャー誌に書かれています。皆さんがやっていることはお客様目線ではなく、銀行目線で銀行の数的目標を達成するためにやっていることに気づかなければいけません。お客様目線に立って考えてみてください。A行、B行、C行から借入れしているお客さんからみた場合、早割り・早貸しを行っているA行、B行に借入依頼するか、行っていないC行に行くか……、支払う必然性がない割引料や利息をとられる銀行にお客様が行くでしょうか? 支払う必然性がない割引料や利息をお客様からとって、銀行の収益にすることは誠実な行為といえますか? もう一つ、大事なポイントがあります。貸出競争において、他行より貸出金利が高いと貸出の確保はむずかしいといい、金利引下げ競争を行っていながら、早割り・早貸しを行うことは実質金利の引上げになっていることを忘れていませんか……。」

さて、皆さんはどのように考えますか。

3 早割り・早貸し、貸込みという行為のほかにも、銀行が収益を得るために行っているモラルを疑う行為があります。筆者が問題視する事例を紹介します。

(1) 短期借入れの申出に対して私募債を売り込む行為です。決算賞与資金、季節資金等は通常期間六カ月で返済される貸出ですが、その借入申出に対して信用保証協会付の私募債で取り上げ

る銀行があります。その銀行は、業績考課上、私募債で得られる全期間の収益を私募債発行時の期の収益として全額計上できることにしているため、期間六カ月の借入申出に対して私募債を売り込むのです。

(2)　三月、九月という期末月の月末日の貸出残高を意図的に嵩上げすることを目的に、期末日越えのごく短期の貸出を行うため、親しい取引先にその借入依頼を行う銀行があります。この貸出の本質は、銀行が決算月の貸出残高を数日間だけ大きく見せかける行為であり、実態は銀行の粉飾決算につながるものといえます。

(3)　いまや歩積み両建てを行っている銀行はほとんどないと思いますが投資信託の販売実績をあげるために、投資信託を購入させることを目的とした貸出が行われています。貸出金利息と投信販売手数料を稼ぐことがねらいです。

もちろん、このような行為を、すべての銀行、多くの銀行員が行っていると言うつもりはありません。このような行為に気づいたとき、筆者がそれを問題視すると、「このやり方のどこが悪いのだ」「法律には違反していない」「契約の自由だ」という意見を言う人がいます。

銀行が収益をあげることは必要です。しかし、収益至上主義が行き過ぎて、「収益を追求することは当然であり、その行為は善である」「収益をあげることができる人が優秀であり、収益をあげることが実績と人事で評価される」という考え方が蔓延していないでしょうか。

バブルの時期にはこうして収益をあげる人が評価されてきたことかもしれません。バブルが崩壊して二〇年が経ったいまでもこのような風潮が残っているのは、経営が収益重視を強く言い過ぎていることに原因があるように思います。そのことがコンプライアンスを形骸化させている原因かもしれません。経営がコンプライアンスの重要性をいくら説いても、数的実績を求められる現場は、法令やルールの抜け道や隙間をみつけて、うまくくぐりぬけることで収益をあげることに頭を働かせるようになります。その手法を周りがまねすることで、その方法は「問題ない」という考えになっていくのです。仮にその行為はコンプライアンスに照らし合わせたとき、グレーではないかと思う人がいても、収益が得られるならばあえて問題視せずに、「清濁併せ呑む」ことで見過ごされる傾向にあるようです。コンプライアンスに抵触するか否かという視点は、収益があがる方法の前では麻痺してしまうのでしょうか。

どの銀行もコンプライアンスを経営の重要課題として掲げ、コンプライアンスのための組織体制・規程を整備していながら、早割り・早貸しという行為のほかにも恥ずかしい行為が行われていても、問題視しているようには思えません。筆者は、これらの行為は、誠実さに欠ける銀行都合の押付けであり、コンプライアンス上も望ましくないと考えます。銀行の経営者、上級管理職者は、いま一度、誠実さと真摯に向き合ってこの問題について考え直してほしいと思います。それは人として恥ずかしくないですか……と。

第4項　コンプライアンス経営の実態

1　どの銀行もコンプライアンスを経営の重要課題として基本方針に掲げ、コンプライアンスを所管・担当する組織・体制、ならびに規程類の整備、マニュアルの作成、勉強会の開催等を行っています。それにもかかわらず、早割り・早貸し、貸込みが行われている現実をどのように理解したらよいのでしょうか。

第1節で書きましたが、筆者が若手行員を相手に研修を行うとき、若手行員の多くは早割り・早貸しに疑問をもっています。しかし、それを支店長に意見すると、「お前が俺に意見するのは一〇年早い」「数字実績をあげていないお前に、そんな意見を言う資格はない」と言われている現実があります。これをどのように考えたらよいでしょうか。パワーハラスメントの要因もありますが、このようなことを言う支店長は、コンプライアンスに関する意識が希薄であるといえます。

筆者が考えるその原因は、支店長はじめ多くの行員はコンプライアンスが経営の重要課題であるということを本気で信じていないところにあると思います。その意味では、コンプライアンス態勢および活動の実態は、本質的なことにまで踏み込んでいないと考えるべきではないでしょうか。コンプライアンスが重要課題であるということは形式的に言っているに過ぎないといえない

でしょうか。

経営者・本部は、コンプライアンスは重要であるという一方、今期の収益目標額・ボリューム増加目標額を支店に示します。現場の支店長は、実績が目標に未達であっても、コンプライアンス経営を忠実に実践していれば、実績未達は大目にみてくれて評価が下がることはない……とは信じていません。経営者・本部がコンプライアンスは重要であるといっているが、現場は収益・ボリュームの目標達成度によってボーナスや評価が決まることを知っているため、現場はコンプライアンス経営より業績志向に走ります。コンプライアンス違反の噂があっても、数的目標を達成した者が評価されている現実を目の当たりにすれば、現場の人たちはコンプライアンスより目先の数字を追いかけ、収益とボリュームの目標達成を最優先させることになるのは、自然の流れではないでしょうか。ここに「清濁併せ呑む度量も必要だ」と言う管理監督者が出てくるのだと思います。

コンプライアンス経営を優先させ、グレーな行為による利益を取りに行かなかったことを好事例として全行に紹介し、その支店長と担当者を褒め、評価する銀行があるでしょうか。逆に、数的目標は達成したが、コンプライアンス違反があったことを悪事例として紹介し、そのような数的実績は評価しないということを全店に示す銀行があるでしょうか。それぐらいのことをやらないと、現場はコンプライアンスについて本気にならないと思います。また、そういうことを行わ

なければ、コンプライアンスが定着することはむずかしいと思います。事実、早割り・早貸し、貸込み等々のことが行われている現実を、経営者はコンプライアンスの問題意識に照らし合わせて考えたことがあるでしょうか。

2　この問題の解決策は経営トップ・上級管理職者のモラル改革がきわめて重要なポイントになると思います。前項で、バーゼル銀行監督委員会の「コンプライアンスおよび銀行のコンプライアンス機能」における「コンプライアンスに関する上級管理職の責任」を記しました。まさにコンプライアンスは上級管理職の役目が大きく、その実践を期待したいところです。しかし、それは無理であるように思います。

コンプライアンスの実効を図ることを考えるとき、上級管理職者個々人の倫理観に任せるという意見があるにしても、効果は期待できないと考えます。もちろん、上級管理職者個人のモラルに期待できないということではありません。むしろそれは大切なことであると思いますが、より効果的な方法は組織のシステム対応を優先させることが早道であると考えます。

具体的に言えば、やってはいけないことを文章に書き上げ、それを明文化することで問題は解決すると思います。「早割り・早貸しと貸込みはやってはいけない」というご法度を通達として発すれば、すぐにその行為を行う人はいなくなるはずです。そんな簡単なことでもやれない、やらない体質の銀行に、「コンプライアンスは経営の最重要課題」といえる資格があるのでしょう

か。

筆者の貸出研修に参加した受講者のアンケートにはおもしろい特徴がみられます。筆者が、講義において「早割り・早貸しは恥ずかしい行為」と説くことに対して、若手行員はアンケートに「このような研修は支店長研修を開催して、支店長に話してもらいたい」と書いてきます。また、支店長研修で同じことを話すと、講義においてごく一部の支店長からは反論（＝自己正当化）があるものの大多数の支店長は下を向いてしまいます。おそらくは心に恥ずかしい想いを感じたのでしょう。そして、アンケートに「このような研修は役員に対してもやってほしい」と書く人もいます。

要するに、若手から支店長まで、早割り・早貸しという行為に疑問をもっているが、業績目標の数値を意識した場合、他の人・他の支店でもやっているなか、自分だけコンプライアンスを盾にしてやらないと意気込んでも意味はないと思っている人が多いということです。銀行はコンプライアンスの実践度をみることより、数的成果で優劣をつけ、評価する現実があるからです。

したがって、前述したとおり、経営トップが「誠実さに妥協しないことが当行の信用と利益につながる」という考え方を明確に示したうえで、「早割り・早貸し等々の行為はやってはいけない」ということを明文化して宣言すれば、その行為はすぐになくなると思います。

3 支店の現場において、建前上、口ではコンプライアンスと言いながら、本音は業績志向の上

司がよく使う言葉として次のようなものがあります。

「当行のためだ」「支店のためだ」

「これは当行の常識だ」「これが俺のやり方だ」

「昔からこうやってきた」「だれもがやっていることだ」

「俺の命令だ」「言うとおりにやれ」「ボーナスが減ってもいいのか」

「きれいごとばかり言っても儲からない」

「そんな書生っぽいことばかり言っても、世の中は甘くないぞ」

「競争に勝たなければいけないんだよ」

「大丈夫、だれも気づかないから」「時間がないんだ、早くやれ」

「（法的にグレーな案件）良いか悪いかわからない、やっちゃえばいい」

このような言葉を上司が発したとき、銀行員として正論を述べ、自分の心に恥じないように生きていくのはむずかしいと思います。コンプライアンスに照らしたとき、問題点や違和感を感じた場合、自分の意見を言わず、波風を立たせないことがよいのか、それとも自らの意見を主張するべきか……。半沢直樹であれば言いたいことを言うかもしれませんが、ほとんどの銀行員は黙して語らず、言いたいことを我慢しているのが実態かもしれません。まるで、ローマ・カトリック教会に刃向かうことができない中世ヨーロッパの時代の雰囲気が銀行組織を覆っているようで

す。

銀行ルネサンスは、こういう状況から脱却して、人間らしい生き方＝銀行員としての王道を歩むことを目指すものです。

第3節 銀行法第一条（目的）を理解する

第1項 銀行法第一条（目的）

1　銀行法は、銀行の経営基盤を確立し、銀行の資産内容の健全性を確保し、銀行の健全経営を通じて預金者保護を図るという立法目的に基づいて制定されています。ところが、ほとんど多くの銀行員は銀行法をしっかりと読んでいないようです。コンプライアンスが「法令等の遵守」の意味であるということは知っていながら、守るべき法令の根源の業法である銀行法を読んでいない銀行経営者・銀行員が、「コンプライアンスは経営の最重要課題」「法令遵守の徹底」と言っているのは空念仏にすぎないといわれても仕方ないのではないでしょうか。

遵守するべき法令を読んでいない、主要条文を知らない、法令用語の意味を理解していない銀

行員は、早割り・早貸しという行為をどのように理解しているのでしょうか。銀行法の目的条文を知らずに銀行業務に携わる者が、自分が行っている業務が「法令違反していない」と言っていることに不自然さを感じていないのでしょうか。そういう自分に、不安や後ろめたさ、またそのことが問題であるという意識はないのでしょうか。

銀行業務を遂行する際、銀行法を遵守することは当然のことです。しかし、銀行法を読んでいない銀行員が「自分は法令を遵守している」と言うとき、そのように言い切れる根拠はどこにあるのでしょうか。銀行法の主要条文を読んでいない人が、業務遂行においてコンプライアンスに抵触することは行っていないと自信をもって言えるのでしょうか。法令条文の意味のみならず、法令が定められた背景となる事情や精神を知らずに、正しい考え方をもって業務にあたっていると、自信をもって言えるのでしょうか。

もちろん、銀行法の全文を読まなければいけないというつもりはありません。筆者は、銀行が王道を歩み、原点回帰することを意識する場合、またあなたが銀行員として真っ当に職務を遂行する場合、少なくとも銀行法第一条の目的条文の意味を知り、法律が意図することを正しく理解しなければいけないと思います。

2 そこで、銀行法第一条（目的）について、条文とその意味を知ることから始めたいと思います。銀行法第一条は、銀行行政および銀行経営の基本となる理念と指針を明らかにする目的規定

を以下のとおり定めています。

銀行法第一条（目的）

この法律は、銀行の業務の公共性にかんがみ、信用を維持し、預金者等の保護を確保するとともに金融の円滑を図るため、銀行の業務の健全かつ適切な運営を期し、もつて国民経済の健全な発展に資することを目的とする。（銀行法第一条第一項）

この法律の運用に当たつては、銀行の業務の運営についての自主的な努力を尊重するよう配慮しなければならない。（銀行法第一条第二項）

銀行法第一条一項は、銀行業務に対する行政的監督法規ですから、銀行は社会的使命を果たすために、銀行法第一条一項を遵守しなければいけないことは自明です。そして、銀行員は、銀行法第一条の目的規定はしっかりと正しく理解しなければいけません。ところが、おそらくほとんどの銀行において、新入行員研修あるいは管理職研修等の場で、銀行法の講義は行われていないのではないでしょうか。

銀行法第一条一項の条文は、冒頭で明確に銀行業務の公共性を掲げ、そして銀行の公共性の理念として、信用秩序の維持・預金者保護・金融の円滑という理念を実現していくために、銀行業務を健全かつ適切に運営することを期し、それを実践、実現することで国民経済を健全に発展させることに目的があるとしています。

銀行法の目的条文を読んだことがない人は、日々の銀行業務において、公共性・信用秩序の維持・預金者保護ということを意識しているでしょうか。また、業務の健全性、適切な運営に心がけているでしょうか。

貸出業務において、数字至上主義・収益至上主義のもと、資金使途を問わず、企業実態の把握や倒産リスクについても審査することなく、貸出金額を大きく伸ばすことだけに関心をもっている人には、信用の維持・預金者保護の意識はみられません。数的目標達成のためには手段も選ばずという人は、銀行法第一条一項の目的意識を知らずに貸出業務を行っているということになります。そのような銀行が「コンプライアンスを経営の最重要課題」とか、「コンプライアンスをすべての業務の基本」と胸を張って言えるでしょうか。

銀行法第一条におけるキーワードは、「公共性」「信用の維持」「預金者等の保護」「金融の円滑」「健全かつ適切な運営」であり、銀行業務に携わる者は、まずこの言葉の意味を正しく理解しなければいけません。

第2項　公共性

1　「公共性」という言葉の意味は、『広辞苑』では「広く社会一般に利害を有する性質」と記されています。そのような言葉の意味から、「銀行の公共性」について、銀行は公益を目的とする

公益事業を行う企業であると認識することは間違いです。銀行は経済主体の一つとして私企業という形態で経営されています。一つの経済主体である以上、契約自由の原則のもと、銀行は自由な意思に基づいて創意工夫を発揮し、自己責任による営業活動を行い、経済合理性を追求することは当然です。

一方、銀行の公共性を重視するということは、収益追求と対立するニュアンスを含んでいると考える人もいると思います。しかし、銀行の公共性と、銀行の利潤追求とは対立するものではありません。大切なことは、銀行の収益のあげ方にあると思います。

他方、銀行に自由な経済活動を行わせ、それを放任することは、銀行が公正な業務を踏み外したり、無秩序な競争を惹起すること等により、経済社会を混乱させる可能性もあります。そのことで顧客の利益が損なわれる懸念も生じます。事実、バブル時代の銀行の貸出業務は経済社会を混乱させました。そこで、政府は銀行の経済活動に制限を加えるなど、公的な干渉を行う必要性が生じた場合、必要不可欠な範囲でこれを行うこととし、それを条文では「公共性」と言い表しています。

2 銀行法第一条の条文において「公共性にかんがみ」と書いてあるのは、その後段に記された「①信用を維持し、②預金者等の保護を確保する、③金融の円滑を図る」の三点を公共性が追求するべき目的として掲げられているということを理解する必要性があります。

この三点について、銀行が公共性をもつといわれるゆえんは次のように記されています（小山嘉昭著『詳解銀行法〔全訂版〕』（二〇一二年、金融財政事情研究会）五三〜五四頁）。

① 銀行業務が複数且つ膨大な信用組織で結ばれているため、そのどこかで破綻が起きると連鎖反応により影響が広範に及ぶという点で、その制度ならびに業務運営の適否は、一国の信用秩序の維持ひいては一国の経済運営に重大な影響がある。

② 銀行の主たる債権者が預金者、つまり一般公衆である点である。銀行は一般企業の債権者と本質的に異なる債権者群を有している。預金者の利益を法的に保護していくことは、突き詰めていえば国民の預金という形態での個々の財産ないし資産形成に関し、当該財産の預り主である銀行のまったく自由意志に委ねることはせず、法律のもとで、政府が最小限度必要な監視・介入を行っていく。

③ 銀行の資金供給面における機能が一国の経済活動全体にとって大きな意義を有している。銀行は国民が汗して蓄積した資産である預金の集積を、国民経済発展に資するように融資していくという機能を有している。銀行の資金供給面の仕方いかんによって経済社会は大きな影響を受ける。そこに公共性の要素があることは否定できない。

3 銀行が公共性をもつといわれるゆえんの前記解説をふまえ、何が重要なポイントになるか具体的に考えてみました。

① 銀行は国民経済における信用秩序の維持において根幹をなす存在であることから、銀行の目的は、一時の利潤の極大化ではなく、適正な利益を継続的にあげることによって存続することにあると考えるべきです。

② また、バブル崩壊後において起こった銀行の破綻の原因は、多額の不良債権による資金繰りの悪化が信用不安を招いたことによることから、銀行は貸出業務について健全かつ適切な運営に心がけ、真に顧客第一・顧客満足の姿勢で臨み、信用と信頼を得ることが大事です。

③ 銀行は、預金者から預かった預金を原資にして貸出業務を行っています。貸出金が貸倒れになって回収できなくなることで、預金者が資産を失うことがないように預金者保護を念頭に置いて貸出業務を行うべきです。そのためには、銀行が好き勝手に無謀な貸出を行うことは許されません。

④ 国民経済の発展に資するように融資を行うということでは、反社会的勢力に流れるような貸出が許されないことはもちろん、公序良俗に反する有害と思える事業活動や、明らかな衰退産業に対しては、目利き力を活かした貸出運営が求められます。

第3項　信用の維持

1 銀行法では、「公共性」が追求する目的の最初に「信用の維持」を掲げています。「信用の維

持」は「信用秩序の維持」ということです。経済社会における信用秩序の維持は、銀行等の金融機関がその重責を担っていることに異論はないと思います。経済社会において信用秩序の基礎となっているのは銀行の信用といえます。したがって、銀行が破綻するということは、その銀行の預金者にとって大変なことだけでなく、その銀行から借入れしている企業・個人等にも大きな影響を与えます。そして、その影響は連鎖的に国内のみならず国際的にも波及します。それは、一つの銀行の破綻が複数の銀行の経営に影響を及ぼし、銀行に対する不信感を増大することにもつながります。

すなわち、銀行に対する制度および業務の運営の適否が、一国（＝わが国）の信用秩序の維持、ひいては一国の経済運営に重大な影響を及ぼすことになります。銀行に対する制度および業務の運営の適否は、いわゆる、金融制度・金融行政によって最終的に補完されていることを知らなければいけません。個々の銀行の財務の健全性について自己資本比率が定められているように、制度・行政が銀行の信頼性の補完機能になっています。

銀行間の競争は、収益・ボリュームの確保、シェア等の面で行われているようにみえます。しかし、本来は、信頼性の確保が銀行間において競争の対象とならなければいけないと考えるべきです。銀行が信頼性を確保するために重要なことは「健全経営」の一点に尽きると思います。

そのために、銀行は前掲『詳解銀行法〔全訂版〕』で書かれている次の説明に耳を傾ける必要

があります。

「信用の根本は、「預けた金、貸し付けた金は必ず返済される。また、返済されなければならない」という確信ないし信頼そのものにほかならない。これが信用という言葉の源である。」（同書五四頁）

「銀行法の法理は、法の運用・解釈等に当たり、常に「信用」ないし「信頼」の原点に立ち返ることを求めている。一般の人々の間で金融機関に対し「信頼するに足る」ないし「信頼できる」という感覚が常に培われている状態でなければならない。信頼が揺らぎ始めると、それは波及し信用不安を生ずる。極まれば金融恐慌まで行き着く。」（同書五四頁）

2

銀行が「信用の維持」のために心することは「健全経営」が重要になりますが、それは、銀行が信用され、信頼されることにほかなりません。

そこで、まず「信用」と「信頼」という言葉について、それぞれの意味と、その違いについて触れておきたいと思います。

信用保証という言葉がありますが、信頼保証という言葉はありません。また、信頼関係という言葉がありますが、信用関係という言葉はありません。「信用」と「信頼」がどのように違うか、あなたは説明できますか。

「信用」は実績に対する客観的評価であり、その「信用」を根拠にして、その人やモノが将来

も安心して信じられるという感情が「信頼」といえます。

もう少し詳しく説明すると、「信用」とは実績や成果に対する評価であり、銀行員・銀行が「信用」されるためには、信用されるに足りる実績や成果が必要不可欠となります。その実績や成果という過去の業績に対して他の者が銀行員・銀行を「信用」するのです。

一方、「信頼」は、過去の実績や成果を、あるいはその人の言動・振舞いをみたうえで、「この人・この銀行ならば、仕事を任せても確実に満足することをやってくれるだろう」「この人・この銀行ならば、秘密を打ち明けても、秘密が漏洩する心配はなく大丈夫だろう」などと、銀行員・銀行に対して、その行動を期待する行為や感情のことを指します。

すなわち、「信用」は自ら築いた過去の実績だとすれば、「信頼」は周囲から寄せられる未来への期待といえます。このことから、まずは「信用」を得る実績を積むことが必要になります。「信用」されない＝「信用」するべき実績や成果がない銀行員・銀行は「信頼」されません。

3

「信頼を得るのは二〇年、失うには五分」という名言があります。アメリカで投資家・経営者・慈善家として著名なウォーレン・バフェット氏は次のように言いました。「周囲の人からそれなりの評判を得るためには二〇年かかる。だが、その評判はたった五分で崩れることがある。そのことを頭に入れておけば、今後の生き方が変わるはずだ。」

二〇年、五分という数値は象徴的な意味としてとらえればよいと思いますが、この言葉が意味

するところは、信頼を得るには長年の努力（＝信用するに足る実績や成果の積上げ）が必要であるが、その信頼は一瞬のうちに崩れることもあるので、信頼を維持するためには大変な覚悟がいるということだと思います。

先輩たちが築いてきた銀行の信用を崩すような恥ずかしい行為や不祥事、また自らの信用を落とす発言や行動は、経済社会・顧客からの信頼をなくします。一度失った信頼を回復するためには、銀行として、個人として、長い時間をかけて信用を積み重ねる努力をして、認めてもらわなければならないことは肝に銘じなければいけません。

4　顧客目線で銀行をみた場合、銀行の「信用」はどこにあるでしょうか。銀行の貸借対照表や損益計算書に表される数字が大きいことが銀行の信用の源でしょうか。筆者は、収益額やボリュームの数字が大きいことが信用の源泉になるとは必ずしも思いません。筆者が考える「銀行の信用の原点」は「行員の質」と「事務の確実性」にあると思います。

「行員の質」というのは、銀行業務を遂行するにふさわしい必要知識・専門知識を備えているかということと、正しい道徳倫理観をもち、顧客目線で誠実な対応ができるかが問われます。知識レベルやモラルが低い銀行員は顧客から信頼されません。

「事務の確実性」は、取扱金額の間違いのみならず手続面においても絶対にミスはしないという安心を与えることです。銀行の取引上のミスは、金額の多寡とは関係なく、銀行に対する信用

の喪失という無形のものとして跳ね返ってきます。

銀行業の本質は、固有業務（預金・貸付・為替）を通してお金を扱うばかりではなく、その中核は無形のものであるということを銀行員は知るべきです。無形なものとは、顧客との相互信頼関係と確実なる事務処理能力とその組織にあると考えます。

第4項　預金者の保護

1　銀行法を読んだことがない人は、「預金者等の保護」という言葉をはじめて聞き、その意味を知らないのではないでしょうか。

預金者は法律的には銀行に対する債権者です。銀行が預金を集める・預かるという業務は、銀行が預金者から資金調達を行うという意味があり、資金調達は資金の仕入れであるから貸借対照表では負債の部に計上されているのです。もっと端的に言えば、銀行は預金者から借金をしているということです。預金者の払戻請求に対して、銀行が預金者に預金金利を加えて元利金を支払うということは、借りた金と借入利息を払っていると同義です。

『三井銀行八十年史』（一九五七年、非売品）に、同行の中上川彦次郎専務理事（明治二四年入行）の「「預金は借金なり」との説」が次のように紹介されています。

「預金は借金だ。預かった物は返さねばならぬのは尚借金を返済せねばならぬと同じ事

だ。」（同書一四〇頁）

中上川彦次郎氏が唱えた「預金は借金なり」という意味は、預金は銀行にとって債務であるという事実を言っただけではなく、預金＝他人資本に依存していては安定した銀行経営はできないという考え方を訴えたかったとも考えられます。銀行の自己資本比率が低いことは、銀行経営の問題点であるという指摘ともとれます。しかし、現在、中上川彦次郎氏の「預金は借金なり」という話を知る銀行員はほとんどいないと思いますが、中上川彦次郎氏がＢＩＳ規制の考え方を先取りしていたということではないでしょうか。

さて、預金者が銀行に預金する目的は、現金を安全・確実に預託するためといえます。預金者は銀行に対する債権者ですが、一般法人（企業）に対する債権者とは異なり、銀行に対しては無担保の債権を有しているにすぎません。無担保の債権であるならば、預金を預けている銀行の経営状態に関心をもってしかるべきで、安心して預けられる銀行を選択することが肝要になると思いますが、預金者はそのように銀行を選別しているでしょうか。

おそらくほとんど多くの預金者は、預金をする際に、複数の銀行の経営内容を比較して、預ける銀行を選別するようなことはしていません。それは、「銀行」という名前を信用し、銀行経営を監視・監督している国（行政機関）に信頼を置いているからだと思います。

このような法律的に弱い預金者が、銀行と国（行政）を信じて、大事な金融資産を預金として

預けていることを考えれば、その預金に不測の損害を与えることがないようにする必要性があることはだれもが理解できると思います。そのために、国民が安心して金融資産を預金として預けられる制度・環境を行政は整備しなければいけません。

2　預金は、個人・法人等の金融資産です。金融資産は預金者にとっては貴重な財産であるばかりか、さまざまな支払等、日常的に利用されるものです。その預金が、銀行の破綻によって無になることは、預金者にとって深刻な事態になるばかりか、経済各分野へ大きな影響を与えることは必至です。そのため、国は「預金保険制度」や「預金者保護法」をつくり、預金者の保護を図っています。

上記趣旨の行政とは別に、個別銀行としてやらなければいけないことは、預金を安全に運用することにあります。特に、預金を原資にして行う貸出業務においては、損失を出さないこと、不良債権を多くつくらない運営を確実に行うことが「預金者の保護」につながるということを意識する必要があります。

前掲『詳解銀行法〔全訂版〕』では次のように書かれています。

「預金を貸付により運用したところ、貸付先が倒産し銀行が貸付元本を回収できないこととなれば、預金の満期日になっても預金者に元利金を返済するための原資がその限りで存在しないという事態になる。貸倒れの件数・金額が大規模化すれば、銀行の返済能力に赤信号

がともる。他方、国民にとっては預けた資金元本が利子とともに確実に戻ってくることはぜひとも必要である。」（同書五六頁）

この説明は、預金と貸出金が同額であるという前提に立つもので、理論的にはそのとおりですが、現実的には貸出金額の全部が一挙に回収できなくなる事態は考えられませんし、貸出先の数社が同時に倒産しても預金の払戻しにいきなり影響を及ぼすことはありません。

だからといって野放図な貸出をしてはいけません。問題は、預金者がディスクロージャーで貸出金の不良債権比率等を知ることで、預金を預けている銀行の経営状態に不安を感じれば、預金を引き出す行動に出るということにあります。したがって、いうまでもなく真っ当な貸出業務を行うことが大事です。

3 貸出担当者は、貸出業務の原資は預金であるということをしっかりと認識することが大事です。また、貸出原資はいつも無尽蔵にあると思っていてはいけません。預金者の保護という意識をもたぬまま、数字競争に走った貸出業務を行った結果、不良債権を多く抱えることになった銀行は、預金者から見放され（＝ディスクロージャーをみた預金者から信頼されなくなり）、預金の流出という事態になります。預金者が銀行を信頼しなくなれば、自分の預金を引き出し、安心できる他の銀行へ預金を移す行動が起きます。これが一斉に起こることが「取付け」です。それにより銀行の資金繰りは一挙に悪化し、破綻の道を突き進むことになります。

そのような事態に陥らないためには、貸出業務を遂行する際、銀行法の目的に記されている「預金者等の保護」を確実に意識することが大事です。「預金者等の保護」を確実に意識することで、真っ当な貸出を行う意識も高くなります。

第5項　金融の円滑

1　「金融」とは、資金余剰者から資金不足者へ資金を融通することです。しかし、銀行法で「金融の円滑」という場合の「金融」は、金融を事業として営んでいる銀行の活動のことを指すものと考えるのが妥当と思います。

銀行法第一条の条文における「金融」という言葉の意味するところは、前段に「銀行の公共性にかんがみ」と書かれていることから、「金融の円滑」も「信用秩序の維持」と「預金者保護」と同じく、銀行が追求する目的の一つであると考えるべきでしょう。この「金融の円滑」ということについて、銀行法制定当時の大蔵省の米里銀行局長は衆議院大蔵委員会（一九七九年五月六日）で次のように答弁しています。「ここでいっております「金融の円滑」というのは、あくまでも社会的に要請されている望ましい分野に資金を円滑に供給することであろうかと思います。」これは、銀行に適切な資金配分を求めることなのかは明らかではありませんが、銀行の貸出姿勢・モラルが問われることは確かかと考えられます。

2 それでは「社会的に要請されている望ましい分野」とは、貸出対象先としてどのような業種、あるいは企業をイメージしているのかが問題になりますが、それは私企業である銀行の判断に委ねられていると考えられます。資金配分の適正化という観点から考えてみると、大企業宛て貸出を優先することなく、中小企業・零細企業・個人であっても借入れの機会均等を図ることが公共性の目的に適うと考えるのが妥当かと思います。また、返済リスクが高い（＝回収見通しが困難な）相手に貸出を行うことは、預金者保護の視点からも望ましくないと考えるべきかと思います。

貸出先の対象先として、反社会的勢力に対する貸出は忌避することは当然です。業種・業界という視点から考えるとき、公益的事業や社会的に有用、あるいは将来性ある事業といわれる分野へ優先的に貸出を行い、衰退産業への貸出は消極的にするべきという考え方を一律的にとる必然性はないと思います。貸出の可否の判断は、銀行組織が決めた専決権限をもつ者の良識に委ねるものであり、そこには専決権限者の主観が入ることもありえます。

筆者が融資部次長のポストにいたときに経験した実際の事例で考えてみたいと思います。

支店から出版社宛ての貸出稟議があがってきました。純新規の貸出取引を行いたいという稟議内容でした。過去三年間の決算書をみる限り、増収増益が続き業績はきわめて良好、かつ財務内容的にも安全性・収益性に問題なく、諸経営指標も業界平均値と比較して良好でした。しかし、

筆者はこの新規貸出の稟議を否認しました。否認した理由は、この出版社の売上げの多くを占める主たる出版物は性的描写が強い卑猥なカラー写真集であることから、筆者は「公序良俗（注）に反する事業内容であり、当行が取引する相手先としてふさわしくない」という判断をしました。「性的描写が強い卑猥な」という表現は筆者の主観であり、当該出版物が書店で販売されている事実から、同社の出版物は法律に違反するものではないといえます。

（注）「公序良俗」：民法第九〇条では「公の秩序又は善良の風俗に反する事項を目的とする法律行為は無効とする」とあります。ただし、民法では何が公序良俗に反する行為かは具体的に示されていません。

筆者がこの稟議案件を否認したことについて、理解を示す者と異論をもつ者に分かれると思います。理解を示す者は公序良俗に反するとした筆者の意見に同調する者と思います。一方、異論をもつ者は、財務内容的に懸念がないのに貸出を実行しなかったことは収益機会を逸失することであると批判し、そもそも公序良俗に反するか否かの基準はどこにあるのかという疑問をもつ者かと思います。

筆者は次のように考えます。そもそも論は、貸出の可否の決定は、銀行で定められた専決権限規定に拠るもので、本件の決裁権限は融資部次長に与えられていたため筆者が行いました。この出版社の事業内容が公序良俗に反するか否かの基準は法的にあいまいであることは事実ですが、

本件に関しては専決権限を有する筆者の主観で判断したということです。もし、筆者がいた融資部次長というポストに、この稟議書を提出した＝この会社に貸したいと判断した支店長が後任として就いたならば、その次長はこの種の案件は承認すると思います。すなわち、貸出の判断においては専決権限者の主観が入ることがありうるということです。

すなわち、「金融の円滑」を「社会的に要請されている望ましい分野に資金を円滑に供給すること」といっても、何が望ましい分野で、どのような分野が望ましくないのかという問題は、専決権限者の道徳倫理観に基づく主観が入ります。法的に、あるいは銀行内にもそのような判定を行う尺度が具体的に示されているわけではありません。ラブホテルやソープランド等の事業主から借入申出があった場合、貸出に応じるか否かは、銀行の貸出姿勢や専決権限者のモラルによる判断に委ねることになります。

3　二〇〇九年一二月に「中小企業金融円滑化法」が施行されました。この法律の正式名称は「中小企業者等に対する金融の円滑化を図るための臨時措置に関する法律」といい、「金融の円滑化を図るため」という文言が入っています。同法第一条（目的）には、「……中小企業者及び住宅資金借入者の債務の負担の状況にかんがみ、金融機関の業務の健全かつ適切な運営の確保に配意しつつ、中小企業者及び住宅資金借入者に対する金融の円滑化を図るために必要な臨時の措置を定める……」と記されています。

銀行法における「金融の円滑」という言葉が、「社会的に要請されている望ましい分野に対する資金を円滑に供給すること」であると考えるとき、「中小企業金融円滑化法」では、債務の負担が大変である企業を対象にしています。返済条件の見直しが必要な企業に対する貸出が、「社会的に望ましい分野」ということに疑問なしとはしません。その場合、銀行法の目的でうたわれている「金融の円滑」という言葉には、「社会的に要請されている望ましい分野に資金を円滑に供給すること」とは別の意味もあると理解するべきか考えます。

また、「中小企業金融円滑化法」の対象者は中小企業および住宅資金借入者に限り、大企業を対象にしていないことからも、銀行法の「金融の円滑」と「中小企業金融円滑化法」の「金融の円滑化」とは自ずと意味が異なると思います。

銀行法における「金融の円滑」という言葉のもう一つの意味は「銀行の存在」であると考えられます。銀行の貸出業務は、経済社会における血液にたとえられますが、それは人体において血液が循環することで酸素を運ぶ役割を果たしていることを指し、それは銀行がさまざまな経済主体を信用秩序で有機的につなぎ合わせる機能をもっていることに結びつけていることを表現したものであると思います。すなわち、「銀行の存在」が資金仲介機能となっていることが「金融の円滑」という言葉で表されていると考えることもできます。

第6項　健全かつ適切な運営

1　かつて筆者が現役の銀行員の若かりし頃、バブル経済に突入する前でしたから、いまから三〇年以上前だったと思いますが、「サウンドバンキング」という言葉をよく耳にしました。現役の銀行員のほとんど多くはこの言葉を聞いたことがないといいます。それはなぜでしょうか。「サウンドバンキング」とは、「健全な銀行経営」を意味する言葉です。それは、経済社会の信用秩序を維持していくうえで欠かせない銀行経営の健全さと、経済社会の一員としての業務遂行の健全さを併せ持つことを意味します。

銀行は、不特定多数の公衆から預金を預かり、それを運用の原資として貸出業務を行うなか、信用秩序の維持・預金者の保護に努めなくてはいけません。銀行の存在は一般の事業法人に比べて公共性が高いことから、経営に健全性と安定性を求められています。バブル期に行われた過剰な収益追求を目的とした貸出はサウンドバンキングの理念を逸脱した行為といえます。

バブル経済が崩壊して二〇年が経ち、銀行の不良債権の処理も一段落しているにもかかわらず「サウンドバンキング」という言葉が語られることがないのは、いまだに銀行経営が健全ではないという実態に理由があるのかもしれません。

銀行経営の健全性に疑問がもたれる理由は、数字至上主義・収益至上主義に走り、銀行法第一

条の目的意識が希薄であるとみられているのではないかと思います。銀行法第一条の目的は、上述してきたとおり、「銀行の公共性に照らして、信用秩序の維持・預金者保護・金融の円滑という三つの理念を実現する」と書いていますが、それが実現されていない現実をみるとき、銀行の経営は「健全かつ適切な運営」が図られていないという見方になるのかもしれません。

2 「サウンドバンキング」を実現する早道は、リスクがある分野に進出しないという考え方もありますが、金融が自由化されたいま、規制金利時代のような預貸業務だけで銀行は生き残れません。

銀行は、リスクをとらずしてリターンを得ることはできないわけですから、リスク管理が重要な経営課題になります。リスク管理が薄弱にもかかわらず、数字至上主義のもとで数字拡大競争を行うことは「健全かつ適切な運営」とはいえません。

そもそも、金融は経済社会において、あくまでも脇役であり黒子という存在であるべきです。実体経済が動かないのに金融は起こりません。ところが、デフレ経済が長引き、実体経済が低迷しているにもかかわらず、銀行は実体経済との関係とは別に自らの収益を追求しています。それは、資金需要がない先やリスクある先に対しても無理な貸出を行い、資金需要があれば必要金額を上回る貸出を行い、また収益確保のためにデリバティブ商品の売込み等を行っています。

このような銀行の行動は、「健全かつ適切な運営」とはいえるでしょうか。「もつて国民経済の

健全な発展に資することを目的とする」というより、自分の銀行が収益をあげることを優先して考えているように思えます。

3 わが国の銀行制度をつくった澁澤栄一は『経済と道徳』（一九五三年、日本経済道徳協会・非売品）で次のように書いています（傍線は筆者）。

「凡て世の進歩というものは、各方面に於いて組み立てたものが順序よく発展してゆく事である。此の凡ての組立が順序よく発展するには、相寄り相扶けて共に進むようでなければならぬ。例えば此處に一つの事業を目論んだと仮定する、其の一の事業を営むにしても、自分の力だけで進むことは困難であって、必ず周囲の事情を察知して、よくこれに適応する様にしなければならぬ。殊に経済界の中心に立つものは、周囲の関連せる諸種の事態に依って振不振を来すのであるから、両々相扶けて進む様にしなければならぬものである。就中、銀行業の如きに至っては、銀行そのものの力によってのみ成績を挙げることは困難であって、商工業が盛んになれば銀行業も盛んになり、商工業が不振となれば銀行業も亦不振となると云う関係がある。

事業というものは、之を譬えれば恰かも鏡の如きものである。鏡そのものは澄んだ一點の曇りのないものであっても、之に写るものが醜くければ醜く見え、美しければ美しく見えるものである。つまり鏡に醜く写るのは、鏡そのものが悪いのではない、鏡に美しく写そうと

するには、写すものそれ自身が美しくなければならぬのである。世の中の凡ては之と同様である。」（同書一七〇頁）

さて、あなたの銀行、あなた自身は、鏡に写る姿は美しくみえますか。鏡に美しく写る銀行は、「健全かつ適切な運営を行っている銀行」であり、また、鏡に美しく写る銀行員は、「道徳的倫理観をもって誠実に業務を遂行している者」といえるということではないでしょうか。

銀行経営の健全性は、行政による監督によって担保される前に、銀行自らが主体的かつ自律的に実現され、維持されるべきです。

第4節　銀行業務と法律・道徳倫理の問題

第1項　遵守するべき法令等

銀行において遵守するべき法令は銀行法だけではありません。銀行が業務遂行するうえで遵守するべき法令等のすべてを書き出すことは困難ですが、筆者が思いつくものを以下に掲げてみます。

(1) **銀行経営関連**

① 業務範囲：「銀行法」第一〇条・第一一条・第一二条

② 守秘義務：最高裁判例（平成一九年一二月一一日「金融法務事情」一八二八号四六頁）

③ 個人情報：「個人情報の保護に関する法律」（略称「個人情報保護法」）

④ 不公正取引：「私的独占の禁止及び公正取引の確保に関する法律」（略称「独占禁止法」）

全銀協『銀行の公正取引に関する手引〔五訂版〕』

⑤ インサイダー取引：「金融商品取引法」第一六六条

⑥ セクハラ防止：厚生労働省告示（平成一八年・第六一五号）「事業主が職場における性的な言動に起因する問題に関して雇用管理上講ずべき措置についての指針」

⑦ パワハラ：東京高裁判例（平成一七年四月二〇日）

⑧ サービス残業：「労働基準法」

⑨ 利益相反管理：「金融商品取引法」第三六条二項～五項

(2) **預金・為替業務関連**

① 当座預金の支払：「小切手法」「手形法」

② マネー・ローンダリング：「犯罪による収益の移転防止に関する法律」（略称「犯罪収益移転防止法」）

③　預金者保護：「偽造カード等及び盗難カード等を用いて行われる不正な機械式預貯金払戻し等からの預貯金者の保護等に関する法律」（略称「預金者保護法」）

④　導入預金：「預金等に係る不当契約の取締に関する法律」（略称「導入預金取締法」）

(3) 金融商品販売業務関連

①　投資信託：「銀行法」「金融商品取引法」

②　国債・地方債等：「銀行法」「金融商品取引法」

③　デリバティブ：「銀行法」「金融商品取引法」

④　保険：「銀行法」「保険業法」

(4) 貸出業務関連

①　金利：「臨時金利調整法」「利息制限法」

②　貸し手責任：「民法」第一条二項・第一条三項

③　不良貸出による損害：「会社法」第九六〇条

④　浮貸し：「出資の受入れ、預り金及び金利等の取締りに関する法律」（略称「出資法」）

⑤　保証：「民法」第四四六条二項

⑥　法定担保物権：「民法」第二九五条～第三〇二条・第三〇三条～第三四一条

⑦　約定担保物権：「民法」第三四二条～第三六六条・第三六九条～第三九八条の二二

以上に書き出してみましたが、とてもすべてをカバーしつくすことはできません。重要なことは、あらゆる業務や場面において、必ず関連する法令等が存在するということを知らなければいけません。それがどこに（法律なのか行内規程なのか等）、どういう内容が書かれているかは、新たな業務に就いたときに自分自身で勉強する姿勢が大事です。だれかに教えてもらうことを期待してはいけません。必ず自分で法令等の条文や規定を原本にあたって読むことの習慣を身につけることが、コンプライアンスを遵守する第一歩であり、基本姿勢として必要なことであります。法令等を読んだことがない人が「法令等の遵守」を言うことに無理があり、空念仏に聞こえます。

銀行が顧客と預金取引、貸出取引等を行い、銀行が当該取引において権利を行使し、義務を履行するとき、法令や契約内容を遵守することは当然です。銀行が顧客との取引に際して、権利の行使、義務の履行を図るとき、関連法令や契約とは別に「信義誠実の原則」（注１）と「権利の濫用」（注２）の一般法理の適用を受けることがあります。もちろん、これらは当該取引の関連法令や契約に問題が生じたとき補充的に適用される可能性があるということなので、普段から「信義誠実の原則」と「権利の濫用」を普通に行っていれば、適用される可能性は低いと思います。

（注1）「信義誠実の原則」：民法第一条二項
「権利の行使及び義務の履行は信義に従ひ誠実に之を為すことを要す」
（注2）「権利の濫用」：民法第一条三項
「権利の濫用は之を許さず」

第2項　法と道徳

1　コンプライアンスという言葉は「法令等の遵守」と訳され、「法令」は言うまでもなく法律・政省令などを指し、「等」は企業倫理や業界団体（全銀協、地銀協など）の自主ルール、そして各銀行が自ら定める規程・行動規範などが含まるということは、すでに述べました。

また、法に触れなければ何をしてもよいということは許されるわけではないと書き、法文に記されていなくても、その立法の精神を優先させて良識で判断することが重要であると書きました。それは、法律に明記されているかいないかで判断するのではなく、社会的良識に照らし、道理に適っているか、人間として正しい行為か、道徳的・倫理的な価値観で判断するとどうであるかということが大事であると書きました。

このことは、法令等が定められた背後には必ずなんらかの社会的要請があり、その要請を実現するために法令等が定められたと考えることが大事です。銀行がコンプライアンスのマネジメン

トを有効たらしめるためには、行員に法令等の遵守だけをいうのではなく、法令等の背後にある社会的要請を考えることを教えることが必要です。法令等だけをみて「条文・規定に書かれていないから違反していない」という考え方は間違っています。

コンプライアンスは法令等を守っていればよいということではなく、銀行員としてのモラル＝道徳倫理観が問われることもしっかりと認識しなければいけません。

2 そこで、法と道徳の関係について説明し、コンプライアンスにおける道徳の問題について触れておきたいと思います。

人が社会生活を行ううえで従うべき基準（ルール）のことを社会的規範といいます。法律もその一つですが、道徳もその一つです。「法律とは最低の道徳である」という言葉があります。すなわち、法律とは広義の道徳の一部であると考えられるからです。法律は成文化されたもの、道徳は個人における良心の問題であり成文化されていないことから、法律と道徳は別々のものにみえますが、法律も道徳も最終的に目指すところは同じであると思います。

法律は外面的には条文化し、形式的には杓子定規であり、時として内容に疑問を感じる悪法であっても、法律である限り遵守しなければいけません。法律は中身に異論があろうが、最低限守る必要があるものという意味で「法律とは最低の道徳である」という言葉があると思います。すなわち、法律は道徳として最も低いレベルのものだという考え方です。このことからも、法に触

れなければ何をしても許されるわけではなく、社会的良識に照らし、何が正しいかという道徳的・倫理的な価値観で判断することの重要性がわかると思います。

銀行員は常に道徳倫理観をもち、以下の行動規範を守ることが「信用」を得るために重要であると考えます。

(1) 常に自己啓発に励み、業務遂行に必要な知識を身につける。

(2) 職務を真面目に誠実に遂行する。

(3) 顧客第一・顧客満足のために全力で職務にあたる。

自己満足（評価・成果）を得るために自己の地位や職務を利用してはならない。

(4) 職務遂行に際して常に信用を意識して発言行動をする。

3 全国銀行協会（以下「全銀協」と略）の行動憲章のなかに、コンプライアンスについて次のような記述があります。「金融取引においては（中略）遵守すべき法令やルールが数多く存在する。こうした法令やルールを厳格に遵守することはもとより、社会的規範を逸脱するような不健全な融資や営業活動を慎み、良識ある営業姿勢を維持しなければならない。（後略）」

この文章にも、「ルールを厳格に遵守する」こととともに、「社会的規範を逸脱することは慎み」と書かれています。この「社会的規範」という言葉は道徳倫理観であります。その道徳倫理観は一見古臭いと思われる日本古来の伝統的規範ともいえます。それは、経済社会を正しい方向

に導く基調となるものであり、その実践に異論を挟む者がいるとは思えません。

銀行、銀行員が守るべき社会的規範は次のような言葉を大事にすることであると考えます。

・正直：裏表がない発言、行動
・無私：私利私欲はなく清廉、利他の心をもつ
・清貧：虚栄心や驕りがない
・真心：誠心誠意尽くす
・慈悲：思いやり
・勤勉：努力、一所懸命
・謙譲：威張らない

第3項　経済と道徳

1　銀行の行き過ぎた収益至上主義は、稼ぐことばかりが先に立ち、道徳を欠くことがあるように思います。「自分さえよければ」「収益があがるならば」「法に触れなければ」という近視眼的・利己的な風潮がみられます。

銀行がコンプライアンスを経営の重要課題として掲げ、コンプライアンス・マニュアルを作成し、コンプライアンス勉強会を行うなか、道徳に関する教育指導はどの程度行われているので

しょうか。法令の遵守に重点が置かれ、道徳問題は置き去りにされていないでしょうか。

二宮尊徳は「道徳を忘れた経済は罪悪である」と言いました。収益至上主義に走っている銀行員は、二宮尊徳のこの言葉をどのように受け止めるでしょうか。二宮「尊徳」より「損得」のほうが大事であるという考えなのでしょうか。

松下幸之助は「道徳は実利に結びつく」と言いました。銀行員は、業務遂行に際し、いま一度、収益を得るための行動について、道徳倫理観から考えてみる必要があると思います。

2 銀行における「経済と道徳」を考えるとき、近代日本の黎明期、銀行制度をつくった澁澤栄一から学ぶことが多くあります。そのいくつかを紹介したいと思います。

まずは、澁澤栄一が口述した内容が記された『論語と算盤』（二〇〇八年、角川ソフィア文庫）から抜粋してみます。

「富をなす根源は何かといえば、仁義道徳。正しい道理の富でなければ、その富は完全に永続することができぬ」（同書二二頁）

「商才というものも、もともと道徳をもって根底としたものであって、道徳と離れた不道徳、欺瞞、浮華、軽佻の商才は、いわゆる小才子、小利口であって、決して真の商才ではない。ゆえに商才は道徳と離るべからずものとすれば、道徳の書たる論語によって養える訳である。」（同書二三頁）

「事柄に対し如何にせば道理に契《かな》うかをまず考え、しかしてその道理に契ったやり方をすれば国家社会の利益になるかを考え、さらにかくすれば自己の為にもなるかを考える。そう考えてみた時、もしそれが自己の為にはならぬが、道理にも契い、国家社会にも利益するということなら、余は断然自己を捨てて、道理のある所に従うつもりである。」（同書四九頁）

また、澁澤栄一の講述内容が記された『経済と道徳』（前掲）には次のような記述がみられます。

「道徳と経済とは決して相反するものではなく、正しい道を履《ふ》むことが即ち道徳なのであるから、私の主張する義利合一論は、各人の心掛け如何によって誰にでも容易に実行する事ができるのである。されば富を得んと欲する人は、先ず自分の履む途が正しいか否かを稽《かんが》え、飽くまでも正しい道を履み脱さぬように心掛けなければならぬ。「鹿を追う猟師山を見ず」という諺がある様に儲けようという考えだけが働いていると、時には正道を履み脱して不義に陥る事がある。心すべきである。」（同書三九頁）

本項の締め括りにふさわしいと思われる論語を紹介したいと思います。

「君子は義に喩《さと》り、小人は利に喩る」

～すぐれた人物は損得よりも善悪を優先し、くだらない人物は善悪よりも損得を優先するものだ。

……あなたは、法令等を遵守して正しく生き、顧客との取引を誠実に行う銀行員人生を歩むのか、それとも、自己の評価を得るため、顧客目線より自分目線で利己的な行動を優先する銀行員人生を歩むのか、あなたはどちらの人生を選択しますか。

第4項　銀行員の職業倫理を考える

1　銀行員は、他の職業に比べ職業倫理を高くもたなければいけません。免許制の銀行業に従事する銀行員として、その職業倫理は基本的な精神的土台になるものです。職業によっては、その職業倫理が法令に記されているものもあります。

・公務員の職業倫理
国家公務員法第九六条では、「国民全体への奉仕」と「公共の利益」のためという職業倫理基準が明示されています。

・弁護士の職業倫理
弁護士法第一条では、「基本的人権の擁護」と「社会正義の実現」「誠実」などの職業倫理基準が示されています。

・公認会計士の職業倫理
公認会計士倫理規則で、監査および会計の職業専門家として、「業務遂行にあたって高度な

諸基準を遵守」「自らの業務上の行為を律する厳格な職業倫理にのっとった行動」が求められています。

・税理士の職業倫理

税理士法第一条で、「公正な立場」「納税義務の適正な実現を図る」ことを使命としています。

・医師等の職業倫理

医療法第一条の二で「生命の尊重と個人の尊厳の保持」、同条の四で「良質かつ適切な医療を行うよう努めなければならない」と記されています。

・金融商品取引業者（証券会社）の職業倫理

金融商品取引法第三六条では、「金融商品取引業者等並びにその役員及び使用人は、顧客に対して誠実かつ公正に、その業務を遂行しなければならない」と定めています。

上記のとおり、国家公務員、国家資格を必要とする職業に加え、証券会社の役員・社員も法令等で職業倫理について書かれています。ところが、銀行員の職業倫理は法令による定めはありません。銀行業は免許制であるにもかかわらず、銀行業を遂行する銀行員に関して、法令で銀行員の職業倫理に触れるものは見当たりません。

銀行員という職業は、かつては真面目なホワイトカラーの典型といわれていたこともあり、職業倫理を法令で定めることは不要である、言い換えると銀行員は当然に職業倫理が備わっている

と思われていたのでしょうか。過去にそのように思われていた時代があったとしても、バブル期以降の銀行員全員が道徳倫理観をもち、高い職業倫理で業務を遂行しているとは思えません。いまの若手行員は「矜持」という漢字が読めず、意味を知らない人がほとんどですから……。

バブル経済時代に銀行は多額の不良債権をつくり、社会を揺るがす問題を発生させたことを契機に、全銀協は一九九七年九月に「倫理憲章」をつくりました。銀行界に対する信頼を維持すべく、健全な自浄努力を図るねらいがあったものと思われます。しかし、その「倫理憲章」は当たり前のことを五つの文章に簡単に書いただけのもので、筆者の目には形式的なお題目にしかみえませんでした。全銀協の「倫理憲章」は二〇〇五年一一月に「行動憲章」と名を変えて改定されました。「行動憲章」には倫理という言葉はなく、銀行員の職業倫理についての記述もありません（「行動憲章」の解説の(3)に「企業倫理の構築」という記述あり）。

公共的使命をもち、公共的性格のインフラとして、経済社会の信用の原点に立つべき銀行の業界において、倫理の問題をその程度にしか取り上げていないのです。そして、個々の銀行においても道徳倫理観を重要であると認識し、それが研修に組み入れられていない現実は決して好ましいとは思いません。

2 そこで、銀行員の職業倫理を考えるに際し、医師の職業倫理を参考にしてみたいと思います。

医師は人命を預かる大切な仕事です。医師になる者は、医学部に入学するとき、国家試験に合格したとき、医師免許を手にするとき、「ヒポクラテスの誓い」というものに向き合うといわれます。

ヒポクラテスは紀元前五世紀のギリシャの医師です。呪術的考えから科学に基づく医学の基礎をつくり「医学の祖」と称されています。彼の弟子たちによって編纂された「ヒポクラテス全集」は当時の最高峰といわれたギリシャ医学が記され、そのなかに医師の職業倫理について書かれた宣誓文が「ヒポクラテスの誓い」であり、世界中の西洋医学教育において現代に至るまで語り継がれています。この「誓い」は二〇〇〇年以上も前に書かれたものであり、内容において現代では適さないこともありますが、現在でも医療倫理の根幹をなすものといわれています。

この「ヒポクラテスの誓い」を現代に書き直したものがＷＭＡ（世界医師会）が作成した「ジュネーブ宣言」（一九四八年）です。その訳を以下に掲げます。

「医師として、生涯かけて、人類への奉仕の為にささげる、師に対して尊敬と感謝の気持ちを持ち続ける。良心と尊厳をもって医療に従事する、患者の健康を最優先のこととする、患者の秘密を厳守する、同僚の医師を兄弟とみなす、そして力の及ぶ限り、医師という職業の名誉と高潔な伝統を守り続けることを誓う」

銀行員はこの「ヒポクラテスの誓い」をもとにして、必要な言葉を適宜自分なりに読み替え

て、銀行員の職業倫理を考えてみてください。「銀行員として良識と誠実さをもって業務を遂行する。「顧客第一」「顧客満足」を実践し、力の及ぶ限り、銀行員という職業の名誉と高潔な伝統を守り続けることを誓う」ことができますか。

銀行員が職業倫理を考えるときに大事なことは、「銀行員としての使命は何か」「顧客の立場で考える」という二つが基本であると思います。

医療の世界では、医療が経済行為と深く結びつくとき、医療の倫理が失われるといわれるそうです。銀行業務も過度な収益至上主義に走ると、銀行員の倫理は見失われ、銀行は信用を失い、信頼されなくなります。あなたもそのように思いませんか。

第3章

銀行における人材育成を考える

第1節　銀行業は免許制

第1項　銀行法第四条

人材育成の問題を考えるに際し、なぜ、銀行法第四条について書き始めるのか、と首をかしげる人がいるかと思います。前章でコンプライアンスについて書きました。銀行はコンプライアンスを経営の最重要課題にしているならば、銀行は銀行法第四条の条文（以下、傍線は筆者）も理解して、条文が意図するところを理解しなければいけません。

銀行法第四条（営業の免許）

銀行業は、内閣総理大臣の免許を受けた者でなければ、営むことができない。

2　内閣総理大臣は、銀行業の免許の申請があったときは、次に掲げる基準に適合するかどうかを審査しなければならない。

（一）　銀行業の免許を申請した者が銀行の業務を健全かつ効率的に遂行するに足りる財産的基盤を有し、かつ、申請者の当該業務に係る収支の見込みが良好であること。

（二）　申請者が、その人的構成等に照らして、銀行の業務を的確、公正かつ効率的に遂行

することができる知識及び経験を有し、かつ、十分な社会的信用を有する者であること。

(三)〜(五)　略

銀行法第四条一項は、銀行が営業を開始するには内閣総理大臣の免許が必要であると定めています。免許制をとる論拠として、小山嘉昭著『詳解銀行法〔全訂版〕』(二〇一二年、金融財政事情研究会)では次の二点を記しています(同書七三頁)。

① 銀行経営の基礎的条件を確保し、信用秩序の維持と預金者保護を図る必要がある。

② 当該銀行の経営が公共性に反しないように人的構成についてもあらかじめ審査する必要がある。

すなわち、銀行法第四条は、銀行は堅実な経営を行うことが基本であるとして、法第四条二項(二)で、免許を与えるにあたっては、銀行の業務を的確・公正かつ効率的に遂行することができる知識および経験を有し、十分な社会的信用を有する者による人的構成であるかを審査するとしています。

このことは、免許を与えられた銀行は、銀行業を遂行する行員が条文の要件を備えていなければいけないと解して当然と考えます。言い換えてみれば、銀行が銀行業を遂行するとき、免許業務を行うにふさわしい人材を備えていなければいけないということです。

翻って考えれば、銀行が行員に対する教育指導・育成を怠り、業務知識も未熟で道徳倫理観ももたない行員に銀行業務を行わせている実態があるとすれば、運転免許をもっていない行員に無免許運転させているようなことといえます。

第2項　免許制の銀行業務を行う銀行員

1　上記のとおり考えるとき、銀行は行員に対して、免許業務を行うにふさわしいレベルまで教育指導、育成しなければいけない責務があると考えます。

さて、貴行の人的構成の実態はいかがでしょうか？　貴行の人材は、業務を遂行するに際して、的確・公正かつ効率的に業務を遂行することができる知識および経験を有し、かつ、十分な社会的信用を有する者という、法令に記されている審査の基準を満足する人材をもって銀行業務を行っているといえるでしょうか。

もちろん、日常業務が問題なく回っている事実から、人材のレベルは「問題ない」という答が返ってくるかと思います。事務的なルーチンの仕事の多くは標準手続に従って行うことで回っていると思いますので、一見、人的構成面で大きな問題はないようにみえます。しかし、それは日常的に反復して行うことによる慣れ、また毎日の経験の積重ねで覚えた表面的な知識ではないでしょうか。「この業務を行う意味は何か？」「この業務を遂行する法的根拠は？」という本質まで

考えている人はどれほどいるでしょうか。そこまで考えなくても、「なぜこの手続が必要なのか？」「この手続が定められた背景にはどのような事情等があるのか？」等々、当該業務に関する本質的な意味を教え、考えさせる教育指導が行われているでしょうか。

はたして、銀行員は免許業務を行うにふさわしいレベルに至るまでの教育・指導・育成を受けているといえるでしょうか。研修体系の整備だけではなく、現場においてＯＪＴ教育が実践され、有効な成果をあげているでしょうか。その実態は、教育指導に関する形式的要件はそろえていながらも、「あとは本人任せ」というように本人の努力に期待することが多いのではないでしょうか。現場では、即戦力をほしがるあまり、教育指導が未完成である人材をいきなり第一線の業務に投入している実態があるのではないでしょうか。まるで、終戦前の日本軍が学徒出陣や少年航空兵のように十分な教育訓練を行わないまま戦場に出すようなことをしていないでしょうか。研修所に行かせれば、一人前に業務ができるようになると思っていたら大間違いです。

2 自動車の運転も免許制です。車の運転はできても、法令（学科）試験に合格しないと運転免許証はもらえません。銀行員が、免許制の銀行業務を行うこととき、法令（学科）試験をクリアするレベルで業務に就いているといえるでしょうか。多くの銀行では、形式的に集合研修に参加させれば、研修内容の理解度が十分でない者にも現場では業務に就かせているのが実態ではないでしょうか。

車の免許の場合、教習途中の「仮免許」の段階では、一人で公道を運転することは許されません。しかし、免許業務を行うに必要な知識を有していない「仮免許」レベルの者にも数的目標を課し、競争させ、数的成果で実績考課・人事評価を行っている銀行があるようですが、あまり感心しません。そのような現場の経営には疑問を感じざるをえません。

ちなみに、仮免許をもつ者が路上運転練習できる道路は「道路交通法施行規則第二一条の二」に決められています。そこには「高速道路及び自動車専用道路以外の道路（交通の著しい混雑その他の理由により運転の練習を行うことが適当でないと認められる場合における当該道路を除く）」という定めがあります。銀行では、仮免許レベルの者に対し、免許制の銀行業務を行わせている現実をどのように考えているのでしょうか。

筆者は、免許業務を行うにふさわしい知識を有していない者に、数的目標を課し、競争させ、成果主義で評価する銀行は、「無免許運転を容認し、スピード違反も黙認している」といわざるをえません。そのような経営は、銀行法第四条の趣旨を理解していないと指摘され、法令遵守に反するといえなくもありません。

新入行員に対する教育指導が中途半端であるにもかかわらず、即戦力として実戦に就かせ実績を求める銀行に、将来を期待する人材は育たないと思います。

第3項　免許の対象業務は固有業務だけ

銀行法第四条の免許の対象となる「銀行業」は、第1章第1節で述べたとおり固有業務である預金・貸出・為替を指しています。同章第2節で述べた付随業務（銀行法第一〇条二項）、他業証券業務（銀行法第一一条）、法定他業（銀行法第一二条）は「銀行業」ではありませんから、これらの業務遂行については銀行の営業免許を要しません。

ところが、銀行は投資信託や保険の販売を行うために証券外務員試験等により資格をとる勉強を新入行員にさせています。もちろん、投資信託や保険の販売を行うためには、その資格をとることは必須要件ですから、それに必要な勉強を行わせることは当然であり、異議は挟みません。

筆者は、銀行業務は免許制であり、その免許の対象となる銀行業は銀行の固有業務である預金・貸出・為替であるならば、まずは銀行の本業である固有業務に関する勉強のほうを優先させることが大事であると思います。

筆者がこのことを強く思うのは、貸出業務の研修を数多く行ってきて感じることがあるからです。銀行の本業として資産の過半を占める貸出金、経常収益の過半を占める貸出金利息、という銀行経営にとって最重要な貸出業務に関する基礎知識が低いにもかかわらず、投資信託や保険の販売を行う資格取得の勉強を優先させている事実に違和感があるからです。

貸出業務の遂行に際しては、多くの知識と経験に基づき、正しい判断が求められます。その勉強や知識が十分でない状態であるにもかかわらず、競争相手である他業態の商品を販売して手数料をもらうための勉強をさせ、資格取得を優先させることに違和感を覚えざるをえません。銀行に勤め、銀行員として、免許制の銀行業を行うための人材育成が最優先され、その後に本業以外の業務遂行に必要な教育指導を行うことが筋であると考えます。

升田純著『変貌する銀行の法的責任』（二〇一三年、民事法研究会）には次のように書かれています。

「銀行等にとって、伝統的で基本的な業務の占める重要性が低下しつつあることが顕著である。（中略）銀行等は、新たな業務の開拓、業務の展開を図ろうとしていても、国内外の競争の中、役職員らがそれらの業務の遂行に相当高度の知識、ノウハウ、経験を有し、適切な人材を確保することが銀行の重要な課題であるが、実際にどの程度の人材が育成され、確保されているのかは疑わしい。」（同書五頁）

銀行は本業の意義を再認識し、本業で信用・信頼されるプロフェッショナルの行員を育成することが先ではないでしょうか。

第2節 バランスシートによる人材管理

第1項 人的資産の棚卸し

銀行の財産は人です。企業会計にたとえれば人は資産であり、終身雇用の対象となる人は固定資産と考えられます。しかし、筆者は銀行の人的資産を棚卸しによってその資産価値を見直すとき、すべての行員を固定資産として考えることは無理のように思います。なぜなら、銀行で働く行員の資産的価値は含み益をもつ人もいれば、資産価値がないような働きの人もいるからです。それは本人の自己啓発努力や仕事に対する意欲の問題であるとともに、銀行の人材育成の実態、あるいは人事評価の結果ともいえます。

筆者は、銀行における人材育成を次のように考えてみました。それは、まっさらの新入行員をバランスシートの流動資産に「人材」として置き、教育・指導・育成することによって、固定資産の「人財」とするという考え方です。「人材」を「人財」とすることで人的資産価値を高めることが重要であると考えます。

ところが、銀行の人材育成政策の実態がスローガン倒れとなり、教育・指導・育成体制の実態

が空疎化している状態では、流動資産の「人材」は固定資産の「人財」にならず、流動負債の「人在」になってしまいます。「人財」として活かすことができず、人件費はかかるが業績・収益に寄与しない人たちで、これが「銀行における人の無駄遣い」といわれる現象かと思います。さらに、銀行が人材育成より業績志向の考え方を優先し、短兵急に即戦力として使うことで、間違った考え方で数字至上主義に走り、また、道徳倫理観を忘れ利己的な行動をとり、顧客から信頼と信用を失うような仕事をする人を、筆者は固定負債の「人罪」と位置づけします。

忙しくて残業が多い支店の支店長が、「猫の手も借りたいくらいに忙しいので、増員してほしい」と人事部に強く要請したところ、人事部は全体の人繰りが厳しいという事情でその要請を先延ばししていましたが、あまりに強い勢いで繰り返し要請がくるもので、人事部預りの一人をその支店に異動させたところ、支店長から「あんな者はいらん。猫のほうがマシだ。猫は寝ているだけだが、あいつは顧客に迷惑をかけるし、あいつの面倒をみるのに時間がとられ大変だ」という事例はどこの銀行にもあると思います。それは、「人財」ではなく「人罪」と認識される人が現にいるということです。

銀行は、流動資産として受け入れた「人材」を、固定資産の「人財」として真の意味で人的資産として活かすことができるのか、あるいは流動負債に位置づけられるコスト負担の「人在」となるのか、それとも人的資産価値がゼロ以下（＝マイナス）で、存在自体がコスト負担であり、

加えて行内外において邪魔・迷惑といわれ、銀行の信用・信頼の低下を招く「人罪」という固定負債になるかは、すべて銀行の教育・指導・育成の体制の問題であります。

第2項　人的資産を数字で管理する

行員を資産として考えるとき、銀行は人的資産を数的にどのように認識したらよいでしょうか。銀行の人的資産を数字でバランスシートに載せることを考えてみたいと思います。

人数をバランスシートに載せる場合、銀行業務を一人前に遂行できる人と、教育指導を受けている途中でまだ一人前に仕事を遂行できない人と分けた場合、前者を固定資産、後者は流動資産に計上するという考え方ができると思います。たとえば、行員数を一〇〇〇人と仮定した場合、教育指導を受けている人数を流動資産に一〇〇人計上し、一人前に業務遂行できる人数を固定資産九〇〇人と計上します。ところが、流動資産・固定資産にカウントする人に、そこで期待する能力を備えているかとみた場合、期待される平均レベル以下の人もいるので、人数だけで人的バランスシートを作成するには無理があります。

個人の能力を一〇としてみた場合、全体の潜在能力は10×１０００人＝１００００となり、流動資産一〇〇〇、固定資産九〇〇〇というバランスシートになります。しかし、全員が期待する一〇の能力をもっていないとき、実態バランスシートを作成する必要があります。実態バランス

シートをつくったところ、流動資産五〇〇、固定資産七〇〇〇となった場合、いわゆる人的資産において二五〇〇の含み損があると認識されます。

銀行は、この含み損を解消するとともに、一〇〇〇〇以上の人的資産価値（含み益）をつくることが経営の最重要課題であると考えます。このために、銀行は行員に対する教育指導と人材育成の施策をしっかりと確実に行い、成果をあげなければいけません。

上記のバランスシートによる人材管理は、各部門・各支店が職種・職能別に管理し、それに基づいて要因計画や指導育成計画の展開を図るべきと考えます。すなわち、銀行は人的資産を人数と質的レベルで管理し、その資産価値の増大が戦力となり、銀行の人的総資産価値を増大させることになるという考え方をもたなければいけません。

人的資産のバランスシートによる人材管理を行うためには、現時点における人的資産の棚卸し評価が必要です。この人的資産の棚卸し評価を的確に行わなければ、教育指導と人材育成の施策はポイントを外れたものになってしまうと思います。

第3節　若手行員に対する教育

第1項　若手行員の就職意識

筆者は貸出業務に関する研修講師として、全国の約四〇の金融機関に伺い一五〇回以上の講義を行っています。入行三年生以下の若手行員を相手にする研修も数多く行ってきました。そこで感じたことを二つ申し上げると、若手行員の大多数が就職の第一希望でその銀行に入ってきたわけではないという事実です。もう一つは入行して三年目であるにもかかわらず基礎的教育ができていないように感じ、業務遂行能力のレベルも低いように思えることです。加えて申しあげれば、自己啓発意欲も高いとは思えません。

そこで、筆者は研修で次のような話をして、自己啓発の心を喚起させます。それは、医師と銀行員という二つの仕事を比較して、それぞれが専門的な仕事に就くまで、必要知識等をどのようにして身につけるかという過程や自己啓発意識を比べる話です。

「あなたが健康診断や人間ドックを受けに病院に行ったとき、検査の担当者や診断する医師が頼りない人であったらどのように思いますか。あるいは、あなたやあなたの家族が重い病気に

罹って病院に行ったとき、担当する医師の対応（診察・検査・処置・手術等）に不安を感じ、医師・病院を信頼できない場合、あなたはどうしますか。医学専門知識に乏しく、医療現場における実践的経験が浅く、説明内容もわかりにくく、質問しても答があいまいで、話の内容が信用できないという医師が自分の担当医になったら、別な医師、他の病院で診てもらおうという気持ちになるのではないでしょうか。「この人・この病院に診察・手術を任せて大丈夫だろうか？」と懐疑的になるのは、その懐疑の背後には不安を感じるものがあるからです。

「命の次に大事なのはお金である」という言葉がありますが、命と向き合う仕事は医師が行いますが、お金にかかわる仕事をしているのが銀行員です。

銀行員であるあなたは、前記の信頼されない医師とは違い、顧客・取引先から不安をもたれないような仕事を行っていますか？　言い換えると、あなたは銀行員として必要な知識と経験を積み、真に顧客のため、取引先の事業発展に資するため、信用・信頼される仕事を行っていると、自信をもって言えますか？

ここで、命と向き合う仕事をする医師と、お金にかかわる仕事をする銀行員について、その職業に就くまでの過程を簡単に比較してみたいと思います。

医師になろうと思う人は、高校生の時から「自分は将来、医師になって人の命を救いたい」という高い志を掲げ、大学は医学部に進みます。医学部は六年課程で一般教養のほかに医師になる

ための基礎医学・臨床医学・社会医学等の勉強をします。六年の正規の課程を修了して、医師法に基づく医師国家試験を受験し、合格することで医師免許を取得することができます。その後、実際に病院に勤務する臨床研修（注）した後、医師として独り立ちします。

（注）医師法第一六条の二：「診療に従事しようとする医師は、二年以上、医学を履修する課程を置く大学に附属する病院又は厚生労働大臣の指定する病院において研修を受けなければならない」

銀行員であるあなたは、高校時代に将来は銀行に就職して金融の仕事に携わりたいという志がありましたか。あるいは、大学時代に銀行員という職業に就いたときに必要とされる科目を意識して勉強しましたか。

銀行へ就職したことがたまたまの成り行きの結果でも構いません。問題は、銀行に就職した後、あなたは銀行業務を遂行するに必要な基礎知識、専門知識等を身につけるため、必死に勉強し自己啓発に励んでいると自負できますか。

医師を目指す者が医師免許を取得するまでの志と勉強の過程と比較してみたとき、多くの銀行員はそこまで真剣に一生懸命に勉強したといえる人は少ないのではないでしょうか。医師と違って、銀行員になることに資格・免許となるものはありません。そのための公的試験もないことから、基礎知識・専門知識が身についていない銀行員が多くいるように思います。そのような銀行員は、先に述べた「信頼されない医師」と同じです。

あなたは、現在担当している銀行業務に関して、基礎知識は当然として、顧客・取引先から感謝されるほどに、情報や付加価値を与え、専門知識をもって相談に応えられるという自信がありますか。銀行業務遂行に必要な知識レベルが未熟であることを自覚していながらも、自己啓発に真剣に取り組んでいない自分がそこにいませんか。銀行員は、業務知識は未熟でも、数字目標さえ達成すれば仕事を立派にやっている、顧客・取引先から信用と信頼を得られると思っているのでしょうか。」

銀行員は、銀行業が免許制であることを知らなければいけません。銀行員は銀行業を遂行するにふさわしい能力レベルを備えていなければいけません。しかし、銀行に就職する際、資格要件はありませんので、まっさらな新入行員が一人前に銀行業務を遂行できるにふさわしいレベルまでに引き上げるための教育・指導、育成するのは銀行の役割です。その役割に銀行はどれくらい真剣に取り組んでいるでしょうか。

第2項　若手行員の基礎づくり

1　スポーツの世界ではゴールデンエイジという言葉が使われています。ゴールデンエイジとは、物事を短時間で覚えることができる年齢のことです。それは一生に一度だけの期間で、スポーツに関していえば九～一二歳頃を指すといわれています。スポーツに限らず、楽器の習得や

将棋・囲碁や日本舞踊・バレエ等の芸事の世界でも子供の頃に基本を徹底的に教え込まれます。ゴールデンエイジに基本をマスターしないと、応用や専門的な道へ進むのはむずかしく、プロのレベルに達することはできません。ピアノは一一歳までがその時期といわれています。この時期にどのように過ごすかが、将来を左右する非常に重要かつ繊細で微妙な時期といえます。

野球の場合は、ゴロのボールは腰を落として体の正面で捕るとか、相撲の場合は、顎を引き、低い体勢で押すとか、どんなスポーツでもだれもが身につけなければいけない基本があります。徹底して基本の反復練習を行うことで、速い打球を横っ飛びで捕れるようになり、押されても引落しで勝つことができるようになるのです。それは基本を体に浸み込ませることで通用する技になるのです。目先の勝ち負けでなく、基本に忠実な意識をもって、それを確実に身につけることが、その世界で通用し、それが自分の利益のために必要であることを知らなければいけません。すなわち、スポーツの基本とは、その世界で生きていこうとするために不可欠な指針です。だからこそ、どのスポーツでも優れた成績をあげて一流といわれる選手ほど基本を大事にするのです。

銀行員も同じです。銀行員のゴールデンエイジは入行後三年という期間にあると考えます。最初の配属店で、どのような人（上司・先輩）と出会い、どのような教育指導を受け、どんな影響を受けたかによって、新入行員はその後の銀行員人生に対する歩み方・考え方の方向性が決まっ

てくると言っても過言ではないと思います。

多くの銀行は、最初に配属される支店においていくつかの銀行業務をローテーションで経験させ、銀行業務の基礎と銀行員としての心構えを教えることにしているはずです。新入行員を受け入れた支店の支店長と指導担当者（直属上司・先輩）の責任は重大です。

このジョブ・ローテーションにおいて大事なことは、単に業務を経験させるだけでなく、標準手続を精読させ、必ず標準手続を遵守することの重要性を徹底的に叩き込むことです。また、実際の業務経験を通して、チームワークや協調性を身につけさせるとともに、自ら学び、自分で考え、本質を直視する姿勢を教え込むことです。

2 新入行員に対する教育で大事なことは基礎づくりです。基礎という言葉は、もともとは建築用語です。建物を築くに際して基礎をつくらなければ始まりません。基礎をしっかりつくることで、その上の建物が今後いつまで、どのくらいの期間、この基礎に支えられるのかが決まります。基礎工事を手抜きで行うと粗末な建物となり、耐用年数も短いものになります。つくろうとする建築物が大きければ大きいほど基礎は堅固でなければなりません。

銀行員も基礎づくりから始めなければいけません。銀行員の基礎づくりは最初の配属店で行わなければいけません。ところが、新入行員の基礎づくりを真剣に考えて、ＯＪＴ教育をしっかりと行っている支店現場はどれだけあるでしょうか。そんなことより、今期の業績のほうが大事で

あるという意識をもつ支店長が多いのではないかと思います。仮免許レベルの若手行員にスピード違反の運転を強いる（容認する）ことが行われていませんか。

「即戦力」という言葉があります。「教育指導をしなくてもすぐに戦力になる人がほしい」「自分の力で育ち、早く成果をあげるようになってほしい」という支店長が使う言葉が「即戦力」です。しかし、こうした発想は危険です。それは人を育てることの重要性に対する認識が低いとともに、人を教育指導し、育成するという仕事を、業務で数的成果をあげることより劣位にみた考えであるからです。

その結果、「悪貨が良貨を駆逐する」（グレシャムの法則）のように、経営において「短期的な仕事（数的成果をあげること）が長期的な仕事（人材の教育指導・育成すること）を駆逐する」事態になっているのが現状のようです。

人を育てることができない銀行に将来はありません。現場の支店長に人を育てようという意欲がみられず、支店にその雰囲気や土壌がなければ、新入行員は銀行に入った喜びや共感性をもてなくなり、「辞めたい」という意識を生むことになりかねません。

第3項 「志」をもつことが重要

1 第1項で、医師の仕事に就きたい人は、高校生の時から「医師になって人の命を救いたいと

いう高い志を掲げ」と書きました。銀行で働く人はどのような「志」をもっているでしょうか。
そもそも「志」とは何か？　『広辞苑』では次のように記されています。「心の向かうところ。心にめざすところ」「志を立てる：ある目的・信念を実現しようと決意する」

銀行に就職する人たちの学生時代の成績は、一般的に平均レベル以上の優秀な学生といわれています。しかし、銀行に入ると、優秀さを感じなくなるのはなぜでしょうか。それは、銀行で仕事を行うに際し、「志」をもって生きていないことに原因があるかもしれません。学生時代に優秀といわれたのは、与えられた問題に対して正しい答を出すことができたことの評価でしたが、銀行に入ってからは自らの意志として何をなし得たいのかという命題に向かい合って考えたことがないからではないでしょうか。

その結果、志をもたず、銀行員としての志を意識しないまま、毎日を過ごしているのが現実ではないでしょうか。もちろん、志をもっていなくとも生きていくことはできます。しかし、志をもつことで、銀行員としてより実り多き人生を歩むことができると筆者は信じています。

2 「志」の問題を考えるとき、筆者は森信三氏の『修身教授録』（一九九一年、竹井出版）という本に記された同氏の考え方が役に立つと思い、以下に紹介したいと思います。

「われわれが真に志を立てるということは、この二度とない人生をいかに生きるかという、生涯の根本方向を洞察する見識、並びにそれを実現する上に生ずる一切の困難に打ち克

つ大決心を打ち立てる覚悟がなくてはならぬのです。」(同書二九五頁)
「そもそも人間が志を立てるということは、いわばローソクに火を点ずるようなものです。ローソクは、火を点けられて初めて光を放つものです。同様にまた人間は、その志を立てて初めてその人の真価が現れるのです。志を立てない人間というものは、いかに才能のある人でも、結局は酔生夢死《すいせいむし》(注1)の徒にすぎないのです。そして酔生夢死の徒とは、その人の足跡が、よたよたして、跡かたもなく消えていくということです。
そこからしてまた私達は、また野心という言葉と「志」という言葉との区別をせねばならぬでしょう。野心とか大望というのは畢竟《ひっきょう》する(注2)には自己中心のものです。すなわち自分の名を高め、自己の位置を獲得することがその根本動機になっているわけです。ところが、真の志とは、この二度とない人生をどのように生きたら、真にこの世に生まれてきた甲斐があるかということを考えて、心中つねに忘れぬということでしょう。ですから結局最後は、「世のため人のため」というところがなくては、真の意味の志とは言いがたいのです。」
(同書三二九頁)

(注1)「酔生夢死」:酒に酔い、夢をみているような状態で、何も価値あることをせず、一生を無駄に過ごすこと。(『四字熟語・成句辞典』一九九二年、講談社・二八五頁)
(注2) 畢竟する:詮じつめれば(『広辞苑〔第四版〕』一九九一年、岩波書店)

上記、森信三氏の考え方は「大志」、すなわち生涯を通して達成しようとする志について述べています。筆者が本項で述べたい志は、「大志」というより「小志」というもので、銀行員として勤める人生の一定期間にコミットする目的というものです。「小志」を考えるに際して、上記に記された、野心と志の違い、「世のため人のため」、という考えは参考になると思います。

あなたは銀行において「どのように生きるべきか」「何のために働くのか」と考えたことがありますか。与えられた数的目標を達成することだけに生きがいを感じ、自己の評価を得るために自分目線で仕事を行い、ポストを得ることだけが関心事の銀行員人生を過ごすことでよいのですか。そのような生き方は自己中心的な考えです。すなわち自分の名を高め、自己の位置を獲得することがその根本動機になっている、ということを知るべきです。筆者が支店長のとき、部下に言ってきたことは、「〝人生の幸福〟を銀行の価値（評価）尺度で測るな」ということです。

銀行員の「志」は、利他性（自分のためではなく、顧客のため）を高くもつところにあるように筆者は思います。「志」をもてない銀行員に矜持はありません。

第4節　人材育成の実態と問題点

第1項　新人教育

1　銀行が人材育成という言葉を使い、それを経営課題にするとき、支店の現場にいる支店長等管理職者の多くは、人材育成は「若手行員の戦力化」という意識でとらえていると思います。もちろん、新入行員を戦力化することにより、業績の伸展が図られることは事実です。

多くの銀行が行う新人教育の人材育成プログラムは、配属店（初任店）における三年間に支店業務をジョブ・ローテーションさせることで銀行業務の基本を覚えさせるとともに、当該業務に係る集合研修を受けさせ、人事部からは自己啓発用の通信教育等が紹介されます。このようなメニューは、銀行業務を一人前に遂行できるため必要最低限の知識を学ばせる研修プログラムであり、このほかに経営は支店長等管理職者にＯＪＴ教育の実践を促しています。

新入行員は最初の配属店で銀行員としての人生を歩み始める際、そこでしっかりとした基礎教育を受けることがきわめて重要です。前節第２項で「銀行員のゴールデンエイジは入行後三年という期間にある」という考え方を述べました。この三年間に、銀行員としての心構え・モラル・

標準手続に基づく基本動作とともに、法律・財務等の基礎知識を学び、身につくようにしなければいけません。

2 しかし、筆者が入行三年生を対象にする貸出業務の研修を行って感じることは、配属店において真っ当な教育指導が行われているようには思えないということです。筆者が行う貸出研修を受講した若手行員（複数の地銀・第二地銀）がアンケートに書いた生の声を以下に紹介します。

「当行では実態的には早貸しやお願いベースの貸出があります」

「私は目標達成して評価を得るためにウソの稟議書を書きました」

「正直、「こんな貸出していいのか?」と思うものばかりです」

「正しいことを行う、銀行員である前に一人の人間としてどうあるべきかを考え直さなければいけないと思いました」

「今、自分がしている仕事はお客様本位ではないといえます」

「目標達成のため、資金使途を偽ったりするような行為は恥ずかしい」

「正論を理想のままで終わらせてはいけないと感じた」

「実際に行った貸出には、目を疑うような案件もある」

「財務分析もできず、規定も法律も知らない未熟な銀行員が、数字だ数字だといっていることは、客観的にみると相当危険なことに思う」

「当行に入行してから漠然とおかしいなと思うこと、違和感を抱いていたことが、やはり恥ずかしい行為であるとはっきりわかった」
「目標達成のためにお願いセールスをして数字をつくり、それが賞賛されることはおかしいと思う」
「回収すべきもの、貸出するべきでないものでも、マル保の目標のために清濁併せ呑むこととしてやっています」
「恥ずかしい行為をしないでも目標達成できるよう、スキルアップに励もうと思う」
「数字、実績に追われ、顧客第一主義とはかけ離れたところで業務を行っているような気がしています」
「「正しくないことはやらない」「銀行側の都合を押しつけることはしない」という意識をもって仕事をしたいです」
「周りにいる先輩や上司から言われることに流されず、コンプライアンスを守る人間を目指したいと思います」
「目標の数字を達成するために、上司から言われたらコンプライアンスに抵触することでもやってきた自分を恥ずかしく思います」
「何が正しく、何が正しくないかをしっかり判断し、人として恥ずかしくない行動をした

いと思います」

「上司に従うべきか、正しくないことは自分の意思で行わないようにするか、とてもむずかしいところだと思いますが、常に正しいことは何か、自分はどうするべきかを意識して仕事を行わなければいけないと思いました」

このような意見が本当に数多くみられます。このような若手の意見を経営者、支店長は知っているのでしょうか。アンケートに書かれているこのような記述を読むとき、現場で支店長等の管理職者たちは新入行員や若手に何を教えているか心配になります。アンケートを読むと、正しい考え方と道徳倫理観をもつ人材を育成するというより、即戦力化ロボットのような人材をつくっているように感じます。

ここから読み取れることは、現場では新人を即戦力化するために促成栽培を行っている姿であり、それは本質を考えることの重要性を教えることなく、思考を鋳型にはめ込む教育を行っているように思えます。それは、上司の指示命令に従わせ、自ら考えることなく言われたとおりにやるというコピー人間・ロボット人間をつくる教育のように思います。

基礎知識である法律・財務分析の勉強を徹底させ、正しい考え方や道徳倫理観を教えるべき時期に、目標達成のためには、お客様が望んでいないことでも、銀行のためにやるべきだ、上司の言うとおりにやれということを教えることが現場でまかり通っているようです。

若手行員の多くが上記のようなことをアンケートに書く事実を直視して、新人教育のあり方について見直す必要があると思います。

3　現場で新人教育を任される支店長等管理職者に、「俺の若い頃はこうだった」「○○君を鍛えて育てたのは俺だ」というフレーズを言う人がいます。「だから、こうやれ」ということが教育だと思っているようでしたら、それは間違いです。支店長等管理職者が自ら語る苦労話や過去の栄光は、新人の心に響くものがあるかもしれませんが、新人がその話から得るものは限られます。

そもそも「教育」とは何か。河合栄治郎氏は『学生に与う』（一九六九年、現代教養文庫・社会思想社）において次のように書いています。

「教育という日本語に相当する英語のeducate、ドイツ語のerziehenが、いずれも「引き出す」ことを意味しているのであって、教育とは人間を彼自身たらしめること、あるいは人格の陶治《とうや》（注）と定義することは、語源的にも正当だといわれるのである」（同書二五頁）

（注）　陶治：人材を薫陶養成すること「人格の陶治」（『広辞苑〔第四版〕』一九九一年、岩波書店）

河合栄治郎氏は同書において、人格を構成する要素として学問・道徳・芸術の三つがあり、それぞれの理想が真・善・美であるから、「人格の陶治とは真と善と美との三者の調和ということができる」（同書二五頁）とも書いています。

銀行員のゴールデンエイジにおける基礎づくりは、銀行員として求められる必要知識を伝授す

ることによって、本人の潜在能力を引き出すことと、銀行員としての人格の陶冶＝道徳倫理観の養成を教えることが重要ではないでしょうか。そこで教えたことが、後々までその人の人生に大きな影響を与えることになります。

このような新人教育を行うためには、指導する立場の支店長等管理職者も専門知識をもち、道徳倫理観を備えていなければいけません。そのためには、指導者に対する再教育も経営の課題として取り上げることが必要ではないでしょうか。

第2項　研修所（研修担当者）の役割

1　どの銀行も人材育成プログラムをつくり、研修体制を構築しています。ところが、研修体制を整えている銀行の多くが「人材育成」を経営の重要課題にあげています。人材育成を経営の重要課題に掲げるということは、人材育成が思ったような成果を生み出していないということなのでしょうか。

多くの銀行の研修プログラムは、業務内容に関する研修と職制に求める研修の二つの体系で構成されていると思います。業務内容に関する研修は、「テラー・窓口」「個人渉外」「融資渉外」「外為」、あるいは「投信販売」「資産運用相談（ファイナンシャルプランニング）」「債権回収」という業務について、内容を段階別（初級～上級）に行うものです。職制研修とは「新任代理研修」

「新任課長研修」「融資役席研修」「支店長研修」というように、ポストに求める管理者像の育成をねらう研修です。

人材育成のための研修プログラムがありながら、経営者が人材育成の成果に不満を感じる理由はどこにあるのでしょうか。それは言うまでもなく、研修プログラムがありながら、同プログラムが目的とする人材育成が図られていないからです。もちろん、すべての研修において人材育成が図られていないとは思いません。では、なぜ、研修プログラムを受講させても、期待される人材が育たないのでしょうか。

その原因は、研修体制においてＰＤＣＡサイクルが機能していないからだと考えます。ＰＤＣＡサイクルとは、あらためて説明するまでもなく、Plan（計画）・Do（実施・実行）・Check（点検・評価）・Act（処置・改善）の四段階を繰り返すことで、業務内容を改善する管理方法です。このサイクルは、最後のActを次のＰＤＣＡサイクルにうまくつなげることで、螺旋を描くように一周するごとにサイクルを向上（スパイラル・アップ）させるところがポイントです。

そういう視点から研修体制を見直してみましょう。研修は、研修体系をつくる者と、それを受講する者で成り立っています。研修をつくる研修担当者はPlan（計画）・Do（実施・実行）はしっかり行っています。もちろん、Plan（計画）策定に際しては講義内容をニーズにあわせ、実践的かつわかりやすい内容にする工夫も考えることが必要です。Do（実施・実行）に際しては研

修の実施時期や対象者、プログラム、期間等を考えることが必要です。問題は、研修を受講した後のCheck（点検・評価）とAct（処置・改善）が適切に行われているかにあると思います。研修の成果が正しく把握される仕組みが機能しているかがポイントになります。

研修担当者は、自らの仕事において、Plan（計画）・Do（実施・実行）がメインであると思っていませんか。受講者からアンケートを書いてもらえば、当該研修の実施は終了したと思っていませんか。同じ研修を受けても、理解が早い人もいれば遅い人もいます。理解できていない人は研修に参加しただけで、研修内容は理解せずで終わっています。研修担当者は「全員が理解するとは期待していない。ダメな者はダメなんだ」と、それを受講者の責任にしていませんか。研修担当者の仕事の本質は、研修プログラムをつくり、研修を実施するだけではありません。研修内容を理解させ、身につけさせることまでが研修という仕事の本質であり、研修の実施はその手段にすぎないということを認識するべきです。

また、受講者のほとんどは、研修で配付された資料・レジュメは自宅に持ち帰り、机の中にしまいこみ、それで研修は終わったという意識になっていませんか。それでは、研修に参加したというだけで、研修内容を理解したということになりません。

研修で学んだ知識や、研修所では理解できなかったことは、帰宅して復習することはもちろん、研修で使用したテキスト・レジュメを支店に持っていき、成果発表や研修レポートを書い

て、上司に報告する、あるいは勉強会を開催して、先輩・同僚を前にして研修で得た内容を自ら発表することで、真に研修成果が出てきます。そこまでの仕組み・ルールがありますか。

2 中原淳編著『企業内人材育成入門』（二〇〇八年、ダイヤモンド社）に次のような記述があります。

「学習科学の研究にこんな知見がある。ある講義を受講した五カ月後に、生徒を呼び出し、「あの講義では、どんなことを学びましたか」と問いかける。すると、授業で扱った内容のうち、事実や主題などに関して平均で二・一%しか思い出すことができない。講義のなかで扱ったキーワードだけであっても平均で二九・一%しか思い出すことができない。（中略）一般に、人間は、提示されただけの情報を蓄積することは難しい。講義で扱った内容の多くは、忘れ去られる運命にあるのだ。」（同書二四頁）

筆者は、研修で真の成果を出すためには、Plan（計画）・Do（実施・実行）・Check（点検・評価）・Act（処置・改善）のサイクルを有効に機能させなければいけないと考えます。そのためには、研修担当者は受講者のアンケートを読んで終わりにするのではなく、研修終了後の受講者の行動まで目配りして、研修内容を理解させるまでフォローすることが役割であると認識することが大事です。そのためには、上記のように、研修終了後に支店に戻って成果発表を行わせたり、研修レポートを出させるまでをCheck（点検・評価）し、その成果発表や研修レポートから研修

内容の理解度を支店長が見極め、それを研修担当者宛てに報告するくらいのことまで要求してもよいのではないでしょうか。

研修は成果が正しく把握される仕組みが機能していることが重要です。約四〇年前、某食品会社のCMに「ワタシつくるヒト、ボク食べるヒト」というコピーがあり、これは女性蔑視だと槍玉にあげられたことがあります。このコピーのように「研修つくる人、研修受ける人」と研修担当者と受講者を分けて、両者間にコミュニケーションが図られていないような関係でとらえていませんか。このコピーを、昔のCMのように、研修をつくる人を蔑視するものだという人はいないと思いますが、いまだに「研修は現場の役に立っていない」「人材育成は研修所の仕事だ」という誤った認識の声が現場から聞こえます。研修が人材育成のために役立ち、成果をあげるためには、研修担当者と受講者と分けて考えるのではなく、研修担当者と受講者（＝現場）とのコミュニケーションをより密接に行うことが重要であると考えます。

現場は、人材育成の戦略を研修担当者に任せ、その成果に不満をもつだけで、自らの重要な職務であるＯＪＴを実践しないで、評論家的なコメントを発するばかりでは困ります。人材育成は、研修担当者のみが担うことではありません。人材育成は銀行が組織的かつ戦略的に取り組むべき重要な活動であることを現場も認識しなければいけません。そうした認識をもてば、研修に対する意識も変わり、現場でＯＪＴをしっかりと行わなければいけないと思うはずです。

第3項　ＯＪＴ教育の重要性

1　筆者は、人材育成に関して最も重要なことは、現場におけるＯＪＴ教育が基本であるという考え方をもっています。銀行が新人を育成するとき、全員を対象に基礎知識を教えるのは集合教育（ＯＦＦ-ＪＴ）で行うにしても、銀行員としての基礎づくりは、現場で業務を行いながらＯＪＴ教育することに効果があると考えます。まさしく、銀行内における家庭教師によるマンツーマン教育といえます。指導する先輩・上司としても、教えることは自らが学ぶ機会となり、同時に管理者としての自覚につながります。支店長等管理職者として新人・若手の指導・育成をＯＪＴ教育で行うことは、支店戦力の増強を図ることであり、後継者を育てることであり、明日の銀行を担う人材をつくることであり、それは組織づくりとして銀行の将来を見据えた重要な仕事であるといえます。

ところが、多くの銀行において、支店長等管理職者から、「教育が大事であることはわかるが、現実問題としては数的目標達成のほうがより重要であり、そちらを優先させる」「ＯＪＴも大事であるが、業績を伸ばす仕事のほうが忙しく、指導する時間的余裕はない」という話を聞きます。要するに、支店におけるＯＪＴ教育は効果を出すに至っていないというか、行われていない実態があるように思えます。

業績をあげるための作戦会議は週に何度も開くのに、勉強会を開催する時間やＯＪＴに割く時間はとれないというのです。本当にそうでしょうか。それは、ＯＪＴ教育を真剣に行おうという意欲がないことの現れではないでしょうか。

多くの銀行におけるＯＪＴの実態は、役員が毎期初に行われる支店長会議においてＯＪＴの重要性を説いても、現場ではそれが実践されていません。その理由として三つのことが考えられます。一つは、ＯＪＴ教育に関して具体的目標を明示していないこと（～数値目標が示されないと何をやったらよいかわからない）、二つ目はＯＪＴ教育に関する具体的手法を示していないこと（～言われれば言われたとおりやるが、言われなければどのように行えばよいかわからない）、三つ目は、結局は業績の成果が評価され優劣をつけられる（～ＯＪＴを行っても評価されない）ことで、ＯＪＴ教育は後回しになっているということです。

役員も、ＯＪＴ教育は大事であるといいながらも、それをフォローすることはせず、実態は現場任せの放ったらかし状態であることから、現場も真剣に取り組んでいないようです。その結果、新人や若手が立派に育つか育たないかは、本人の資質と努力次第という成り行き任せになっているのが実態ではないでしょうか。要するに、ＯＪＴ教育に関して、銀行は組織全体で「有言不実行」であるということです。

銀行としては、成果主義に基づき数字で業績を競わせ、そのなかから「それなりの人材」が一

部でも育ってくれればよいということが本音なのかもしれません。それでは真っ当な考え方をもつ人材や将来を担う人材が育つわけがありません。

2 筆者は、拙著『事例に学ぶ貸出担当者育成の勘所』（二〇〇九年、金融財政事情研究会）で次のように書きました。

「銀行ではメーカーが商品をつくるように「人をつくる」ことはできません。銀行は人という財を、メーカーのように大量生産することも、均一の品質管理のもとで「つくる」こともできません。研修所は工場ではありません。いうなれば、銀行における人材育成は、受注生産による一品ごとの手づくりと同じです。高級品に仕上がるか、粗悪品にできあがるかは、素材の質にも影響されますが、受注生産を任される現場の対応次第です。

銀行で人をつくる場所は各現場である支店です。第一線で仕事に従事させながら育てることが基本です。」（同書二二四頁）

「貸出担当者は、支店という現場で、実際に貸出業務に就き、日々の実務を通して成長していくのです。一朝一夕に育つものではありません。

各支店に配属された新人を貸出担当者に育てることができないようでは、品質管理ができないメーカーと同じです。信頼されない工場と同じように信頼できない支店・管理職ということになります。」（同書二二五頁）

現場におけるＯＪＴ教育が実効性をあげていない実態を経営管理職者は省みて、その改善策を打たないのは不作為の罪となります。また、役員もＯＪＴ教育が経営課題として重要であると本気で考えるならば、支店長等の現場管理職者を本気で動かすことをしなければ経営不在と批判されても仕方ないではありませんか。

第4項　管理職者研修が必要

1　「当行の体質は古いとか、やり方がおかしいとか、最初は生意気なことばかり言う新人でしたが、やっと仕事がわかってきたようです。かっこよいことばかり言ったって、目標数字に届かなければ意味がないし、勝たなければいけないことを徹底して教えましたよ。最近は、当行のやり方になじんできたようです。彼も成長したということですかね」

現場でＯＪＴ教育を任せている支店長等管理職者からこのような発言を聞き、経営者・役員はどのように感じているのでしょうか。「よくやっている」と評価するでしょうか。

筆者は次のように思います。「自分のコピー人間をつくっている」「新しい発想の芽を摘み取って、成長意欲をそいでいる」「思考停止状態にして、言われたことだけやらせるという古い体質の銀行員をつくっている」

先に若手行員のアンケートに書かれている内容を紹介しましたが、そこから読み取れること

は、「新人を即戦力化するために促成栽培を行っている姿であり、それは本質を考えることの重要性を教えることなく、思考を鋳型にはめ込む教育を行っているように思えます」と筆者は書きました。

筆者の研修で実際に若手が話したことに対して支店長が発した言葉をもう一度ここに書きますので、読んでください。「支店長に〝お前が俺に意見するのは一〇年早い〟と言われ、黙ってしまいました」「支店長から〝数字で実績をあげていないお前に、そんな意見を言う資格はない。黙れ！〟と言われました」「支店長からくる指示は、先生の考えとは正反対、（略）現場では研修で習ったことと正反対の指示がきます。それをやらないと怒られます」

残念ながら、現場では業績をあげるために、正しくない考え方やコンプライアンスに抵触するような恥ずかしい行為が行われている現実があります。多くの若手がこのような意見を書くということは、上司である支店長等管理職者が若手行員に教えていることは、道徳的倫理観やコンプライアンスの重要性より、目標達成が大事であり、言われたとおりにやることを教えることを優先しているように思います。そのような人たちにOJT教育を任せることは、「人材」を「人罪」におとしめる懸念があります。本当に大事なことは、「人材」を「人財」にするOJT教育が必要なのです。そのためには、間違った考え方をもっている支店長等管理職者を、指導者としてふさわしい考え方をもつように再教育する必要があると思います。

2　現場におけるＯＪＴ教育を有効にするために、まず最初にやるべきことは支店長等管理職者に対する再教育です。もちろん、すべての支店長等管理職者に問題があるとはいいません。しかし、どの銀行のなかにも業績至上主義に走り、コンプライアンスと人材育成に対する意識が希薄な支店長等管理職者がいます。

この研修は、新任課長研修や支店長研修といった職制研修のなかに組み込み、ＯＪＴ教育を理解させるとともに、指導者としての資質を喚起させることを目的に行うべきと考えます。

支店長等管理職者が新人・若手を育てるということは、家庭において親が子供を育てるときに教えることと、学校で先生が生徒に教えることと同じです。親も学校の先生も、やっていいことと、やってはいけないことを教えるはずです。ところが、銀行において、親や先生の立場である支店長等管理職者が、「やってはいけないことをやれ」と、人として恥ずかしいような行為を教えるようでは、ＯＪＴ教育を彼らに任せるわけにはいきません。

京セラの稲盛和夫氏は著書『実学―経営と会計―』（一九九八年、日本経済新聞社）で次のように書いています。

「私が言う人間として正しいことは、たとえば幼いころ、田舎の両親から「これはしてはならない」「これはしてもよい」と言われたことや、小学校や中学校の先生に教えられた「善いこと悪いこと」というようなきわめて素朴な倫理観にもとづいたものである。それは

簡単に言えば、公平、公正、正義、努力、勇気、博愛、謙虚、誠実というような言葉で表現できるものである。経営の場において私はいわゆる戦略・戦術を考える前に、このように、「人間として何が正しいのか」ということを判断のベースとしてまず考えるようにしているのである。」（同書二一一～二一二頁）

もう一冊紹介します。稲垣重雄著『法律より怖い「会社の掟」』（二〇〇八年、講談社現代新書）には次のような記述があります。

「「「それ」が正しくないと分かっているのにやっていないだろうか」という問いは普遍的で、重い。自分で薄々いけないこととしていると承知しながらも止められない人は、その理由を自分の子どもたちに説明できるだろうか。大人になれば分かるといった言い逃れで誤魔化すのだろうか。

「ウソをついてはいけない、盗んではいけない、弱いものイジメをしてはいけない、ウラ・オモテのある人間になってはいけない」と教えるのは、わが子が健全な良識を身に付け、社会に出たときに信頼される人間になれるようにと願う躾の第一歩だ。そうしたモラルの初歩の初歩を、大人、親たちが破っている。談合や偽装表示などの事実を説明すれば、子どもたちからは「間違っている」「おかしい」「ズルい～」という大合唱が返ってくるだろう。たとえ露見せず、新聞に書かれなくても、「正直に」「きちんと」子どもに説明できない

ようなことをしないために、会社ができることは何だろうか。それが、先に記した、会社の価値基準を誰の目にも、常に明らかにすることである」（同書一七九～一八〇頁）

現場でＯＪＴ教育を任せる指導者には、正しい考え方をもって部下の教育指導にあたってもらわなければいけません。「結果がすべてだ」「数字が人格だ」「言い訳はいらない」という教育指導はやめさせ、新人・若手が共感し、働く意欲を沸き立たせ、尊敬される上司の姿勢・姿をみせることが大事だと思います。そのための研修を行うべきです。

3　中央教育審議会が二〇〇九年一〇月二六日に出した「新しい時代の義務教育を創造する答申」には次のように書かれています。

第２章　教師に対する揺るぎない信頼を確立する―教師の質の向上―

(1)　あるべき教師像の明示

○　人間は教育によってつくられると言われるが、その教育の成否は教師にかかっていると言っても過言ではない。～以下略

○　優れた教師の条件には様々な要素があるが、大きく集約すると次の三つの要素が重要である。

①　教職に対する強い情熱

②　教育の専門家としての確かな力量

③ 総合的な人間力

銀行における部下教育の成否も、教師の立場である支店長等管理職者次第であるといっても過言ではありません。その場合、人材育成の指導者として、支店長等管理職者は上記三つの要素を備えているでしょうか。

業績志向に対する強い情熱はあるが、部下を正しい道に導く力量や道徳倫理観を備えた人間力に疑問を感じる人もいると思います。上記三つの観点でみた場合、適任者はどれほどいるでしょうか。OJT教育の指導者として適切であるかを見極め、適切でない指導者は適切足らしめるための研修が重要であり必要です。

免許制度に基づく教員は、都道府県教育委員会から「指導力不足教員」と認定されると、「指導力不足対応の研修」措置があり、それでもダメな場合は教職以外へ配置転換されることがあります（二〇〇二年の地方教育行政組織法改正による）。また、教職経験が五年、一〇年、二〇年となると、教員全員宛て「教職経験者研修」が行われます。

免許制度の医師は、行政処分を受けた医師に対して「職業倫理に関する再教育（倫理研修）」と「医療技術に関する再教育（技術研修）」があります。

銀行経営者は、数的目標達成を任せれば適任だが、人間力の観点からみたとき指導者としては適任でないという場合でも、その人にOJT教育を行わせる人事がまかり通っているとしたら、

経営者・役員も人材育成より業績志向に本音があるということを疑われても仕方ないのではないでしょうか。

経営が人材育成を経営課題として考えるべきポイントは、

① 新人・若手の戦力化だけでなく、指導者の再教育も同時に行わなければいけない。

② 業務に必要な知識を教える研修体系の整備だけでなく、道徳倫理観をもつような人材の質的レベルアップも行う。

の二点が重要になると思います。

第5節 人材育成の本質

第1項 信質教育

1 「信質」という熟語は筆者の造語です。

第1章第4節第5項においては、貸出業務に関して「信質」という考え方を書きました。

銀行員の知識と業務遂行には「信用と信頼の質」が必要であるとの考え方から、モノづくりの

会社において使われている「品質」と同じ意味で、銀行には「信質」という考え方が必要であるということです。

銀行における人材育成は、業務遂行に必要な知識を身につけるだけでなく、人間としての質～それは人格であり品性といわれるものを高めることも重要であるということから「信質教育」ということで考えてみたいと思います。

メーカーが自社の製品に関して「品質管理」「品質保証」を行うように、銀行も「人の質」「業務内容の質」について「信質保証」「信質管理」を意識しなければいけません。この考え方からすれば、筆者は人材育成の本質は「人の質」（信質保証）と「業務の質」（信質管理）の両方を目的としなければいけないという考え方をもっています。

「人の質」（信質保証）は、免許制の銀行業務を行うにふさわしい必要知識および専門知識を備えた人づくりであり、「業務の質」（信質管理）は道徳倫理観をもち、正しい考え方と論理的思考に基づき、真に「顧客第一」「顧客満足」の業務を行うことを意味します。この両方を満足する人材を育成することが重要です。すなわち、質を第一とする人材育成でなければいけません。

業務に必要な知識を伝授するだけの研修ではダメです。数字づくりのノウハウを教えるＯＪＴではダメです。知識やノウハウを教えるだけでは人材として長持ちしません。それは短期間とりあえず銀行に役立ちますが、それだけで終わります。

筆者が考える人材育成の本質は、質的経営に資する人材の養成にあります。銀行業務を遂行する人の質的レベルと業務内容の質的レベルが銀行の健全経営につながります。また、人と業務の質＝「信質」こそが顧客と銀行の共通概念となりうると考えます。「質を第一に考える」とは、質の良さを第一に据えることであり、それは顧客の要求を満たすことを意味することであり、「「顧客第一」「顧客満足」を実践する教育」と換言できます。

銀行経営者は、質を正しく理解し、質第一で業務を遂行できる人材を育成しなければいけません。すなわち、質を第一とする「人財」こそ、銀行経営にとって重要な「資産」であり「経営資源」であることを認識する必要があります。「人材」を「人財」にすることが銀行の発展につながるのです。

2 江口克彦著『人徳経営のすすめ』（二〇〇二年、ＰＨＰ文庫）に松下幸之助の人材育成の考え方について記した興味深い記述がありますので、以下に紹介したいと思います（傍線は筆者）。

「松下幸之助がある人事課長にこう尋ねた。

「きみがお得意さんへ行って、松下電器は何をつくっているところか、と尋ねられたら、どう答えるんや」

「はい、電器製品をつくっております、と答えます」

それを聞いた松下幸之助の声は一段と大きく、かつ厳しくなったという。「そんなこと言

うとるからあかんのや。……人を育てるのが会社の仕事である、ということがちっともわかっていない。だからそんな答え方をする。松下電器は何をつくっている会社かと尋ねられたら、松下電器は人をつくっている会社です、あわせて電器製品をつくっております、と答えられないといかん。そう答えられんのは、きみらが人の育成に関心が薄いからだ」

机を叩きながらの熱弁が続いた。その迫力に、松下幸之助の人材育成にかける凄まじいまでの思いを感じさせられたという。

松下幸之助は、……「松下電器は物をつくる前に人をつくる会社」「品質管理は人質管理である」ということを言い続けてきた。何よりも優先して、人を育てることに取り組んできたのである。」（同書一六六～一六七頁）

松下幸之助の「品質管理は人質管理である」とフレーズの意味を、筆者は「銀行業務の質は人材の質による」＝「信質教育が重要」と言い換えて理解したいと思います。

銀行の支店長等管理職者に、「銀行は何をする会社か?」と問いかけたとき、「人をつくり、あわせて銀行業務をやっています」と答えることなく、「預金と貸出の数字を伸ばすことが仕事や」「収益をたくさん稼ぐと褒められるところや!」というようでは、人材育成の本質は理解されていないといわざるをえません。

3 拙著『貸出業務の信質』（二〇一二年、金融財政事情研究会）からも「信質」に関する記述を

引用・転載します。

「銀行の歴史と文化を受け継いでいくのは「信質DNA」であると考えますが、「数字DNA」で育ってきた人たちは「信質DNA」を軽視する風潮さえ見られます。銀行のもつ信用と信頼という財産こそが価値ある宝であることさえわからなくなってしまったようです。収益と効率化を追い求めるあまり、大切な宝箱の鍵は何なのかを忘れてしまっているようです。残念です。きわめて残念です。信用と信頼という宝を持腐れ状態にしたままではいけません。」(同書三〇七頁)

「人間に品性があるように、銀行も品格が正しく、凛とした銀行でなければいけません。〝あの銀行は信頼できる〟〝この銀行と取引していることは自慢であり、誇りだ〟……といわしめる銀行で働く喜びを味わうことが幸せであると確信します。」(同書三一〇頁)

そういう人材育成をしなければいけません。

第2項　相互啓発

1　前節第3項でOJT教育について触れました。そこで、人材育成に関して最も重要なことは、現場におけるOJT教育が基本であるという考え方を述べるとともに、その指導にあたる支店長等管理職者のレベルチェックと再教育が必要になると書きました。

従来、ＯＪＴ教育とは部下・後輩を指導・育成する上司・先輩の立場、視線で話されることが一般的でした。それは、ＯＪＴ教育は、上から下へ与えるものとして、一方通行と受け止められているからです。

メーカーにおける技術者の育成等は上司・先輩である熟練者から下の者へ一方通行のＯＪＴというかたちは変わらないと思いますが、銀行におけるＯＪＴ教育を考えるとき、この考え方は見直すべきと思います。

銀行において、新人・若手を個人として自立させ、成長させることを目的とするＯＪＴ教育は、業務遂行の必要知識の伝授だけという認識ではいけません。なぜならば、速いスピードで変化する業務内容、情報技術の進展等の問題は、指導する側も若手行員と同時・一緒に学ばなければいけない局面に立つ場面が多いはずです。

たとえば、新しい商品、新しい施策、あるいは新システムの端末機器の取扱い等の場合、全員が同時に学ぶことになります。そのとき、支店長等管理職者が、「これは若い人に任せる、自分がわからない場合は若手に聞けばよい」と安易に考え、自ら学ぶ姿勢をもたないことでよいでしょうか。それはいけません。神輿に乗るという気持ちは、勉強する意欲はないということの表れであり、部下に頼ることであり、向上心がなくなってきたということです。また、支店長等管理職者が若い頃に覚えたことであっても、法律の改正、制度変更、新たなコンプライアンス上の

注意、等々で、あらためて勉強しなければいけないこともたくさんあります。たとえば、経営者保証の問題もそうです。

新人・若手を一人前の銀行員として自立させ、成長させることも重要ですが、支店長等管理職者といえども新しい時代に自立し、成長しなければいけません。すなわち、全員が一人ひとりが自立して、コミュニケーション能力を発揮して、支店のチーム総合力を出すことが求められているのです。

そのためには、支店長等管理職者も新人・若手行員も、「互いに学ぶ」という「相互啓発」という発想をもつことが大事です。支店長等管理職者はＯＪＴ教育の指導者として、教えながら自らも学ぶ、新人・若手は、自ら学びつつ教えられるという相互啓発のかたちが望ましいと考えます。

「負うた子に教えられて浅瀬を渡る」という諺があるように、支店長等管理職者といえども、部下から学ぶことがあるはずです。また、部下は支店長等管理職者に「もっと勉強してほしい」と思っています。わからないことは部下に聞けばよいと思っている上司に、「少しは自分で勉強してみては～」と思っています。支店長等管理職者も、いまのポストに就く前の若い頃、そのように思っていたことがあるならば、自ら学ぶ姿勢をみせることも大切です。みせるだけでなく、学びを実践することが大事です。

2 上記は、支店内における職制上の上司と部下の関係における相互啓発の考え方を述べました。相互啓発の考えは職制を超えて、幅広く、柔軟に考えることも大事です。

前節第2項で、研修に参加した者が、研修で習ったことを支店内勉強会で講師となって話すことで、受講者が研修内容をしっかりと身につけることができると書きました。研修で教わった内容を自分一人だけのものにせず、支店内の多くの人にも学ぶ機会を与えます。また、本部から専門知識をもっている人を支店に呼び勉強会を開くこともできるはずです。

筆者は、拙著『事例に学ぶ貸出担当者育成の勘所』（前掲）で次のようなことを書きました。

「筆者が考えるプロジェクトのコンセプトは、「銀行を学校にしよう、支店を塾にしよう」という考え方です。「みんな同じ学校にいるのだから、学校全体をよくしよう、学校の悪口をいうのはやめよう」というところから出発します。研修講師・審査部の者が受講者に教え、あるいは上司や先輩が後輩に教え、お互いが常に教え合う気持ちと学ぶ雰囲気とをつくるのです。支店内に塾をつくり、講師になることで自らが育ち、自由な雰囲気で議論ができることで参加意欲がわき、学習を進めることになります」（同書二二八頁）

二〇一〇年に京都銀行は行内に「京都銀行金融大学校」を設立しました。二〇一一年に東邦銀行は「とうほうユニバーシティ」を設立しました。新しい発想で、新しい人材育成プログラムがつくられることは素晴らしいと思います。

第3項　道徳教育

1　思想家安岡正徳は、人間の四要素として、①徳性、②知能、③技能、④習慣があるが、その第一は、一番大事な人間たる本質、人格としての人間たる本質と申すべき「徳性」というものであると言いました。しかし、今日の日本においては、「徳より知、知より利」という風潮が蔓延しているように思います。偏差値教育や成果主義に原因の一端があるように思います。そこに道徳倫理観の欠如がみられます。

銀行においても、収益至上主義を掲げ、成果主義で実績や能力を評価する経営は、道徳倫理観を欠く行員をつくりだしているように思います。その自覚が乏しい銀行員は、「銀行のためにやっている」と自己を正当化します。「銀行のためとは何か」ということを自ら問い直すことが必要のように思います。

筆者は、銀行員は業務を遂行するに際しては、「知識＋道徳倫理観」のバランスを持ち合わせることが大事であると考えます。しかしながら、銀行の人材育成プログラムでは知識を主体にしたスキルとノウハウの習得を目的として、道徳倫理観の充実、言い換えると「心の充実・発展」を育む指導教育は行われていません。

稲盛和夫氏が率いる京セラグループでは、企業活動の中心に「人間の形成・育成を行う」こと

を理念に掲げ、同社のホームページには次のように記されています（傍線は筆者）。

「京セラグループは、世間一般の道徳に反しないように、道理に照らして、常に「人間として正しいことは何なのか」ということを基準に判断を行わなくてはならないと考えています。

人間として何が正しいかという判断基準は、人間が本来持つ良心にもとづいた、最も基本的な倫理観や道徳観です。「欲張るな」「騙してはいけない」「嘘を言うな」「正直であれ」など、誰もが子どものころに両親や先生から教えられ、よく知っている、人間として当然守るべき、単純でプリミティブな教えです。

日常の判断や行動においては、こうした教えにもとづき、自分にとって都合がよいかどうかではなく、「人間にとって普遍的に正しいことは何か」ということから、さまざまな判断をしていかなければならないと考えています。」

銀行員が、銀行法第一条の目的規定を意識して業務遂行する際、行動・発言において、「人間にとって普遍的に正しいことは何か」という考えを判断の軸としてもっていることが大事です。そのためには、道徳・倫理といった内面的な心の充実と成長を期した指導教育を図ることも重要だと考えます。即戦力をねらった業務遂行能力の向上に力点が置かれている人材育成プログラムに、人格形成についてアドバイスし、サポートするような指導教育内容も入れることを考えるべ

きです。

二〇〇七年五月に、社会経済生産性本部が行った「経営の志と倫理」に関する実態調査によると、「倫理的課題が研修プログラムに反映されていない」という回答が七〇・四％ありました。同結果を踏まえて、調査レポートでは「経営の志を高め、倫理を推進するための八つの提案」を行っています。その提案は、「経営者は高い倫理観のもとに企業価値を高めることが経営の究極の目的であるとの認識を有し、その実現に向けた経営理念を確立し、従業員に浸透させること」「企業内に倫理上の自浄作用を高める仕組みをビルトインすること」「倫理教育の充実はもとより、人間性の充実を図る能力開発を強化し、人材育成に力を入れること」などが書かれています。

銀行の人材育成プログラムも、既存の研修体系のなかに、この提案を取り入れた内容で行うべきと考えます。

2 澁澤栄一は、道徳と経済は本来、相対立・矛盾するものではないと考え、「道徳経済合一説」を唱えました。道徳と利益との関係について、澁澤栄一は「道徳なき経済は経済にあらず、経済なき道徳は道徳にあらず」と述べたといわれています。ここでいう道徳は、法律を超えた人間としての倫理観として理解するべきと思います。したがって、法律に抵触していなくても、多くの人が不信に感じるようなことは行ってはいけないということです。

また、澁澤栄一は、「利潤を得るためには、正当的な手段を以って、商工業の倫理に厳格に従わなければいけない」と主張し、「真正の利殖は仁義道徳に基づかなければ決して永続するものではない」と『経済と道徳』（一九五三年、日本経済道徳協会・非売品）に書いています（同書一頁）。このことは、まさに銀行が得る収益は、何よりも経済社会における顧客との信頼関係なくして成り立たないということを言っています。

第2章第1節で取り上げた「早割り・早貸し」という行為は、銀行が自らの収益を確保するために、顧客に損を強いる行為です。そこに信頼関係があるでしょうか。法律に違反していないから問題ないといえるでしょうか。

そのような行為が現実に行われている実態があるならば、そのような考え方を正す道徳教育は必要であると考えます。

第4章

銀行組織の原理と銀行員のあるべき姿

第1節 銀行組織の特徴

第1項 銀行は家元制度的な共同体

1 銀行の組織をみるとき、次のような特徴があると思います。

① 頭取は銀行の最高の権威の体現者ですが、頭取が有する権限は段階的に委譲されています。

② 支店長は、頭取の権威を代理する役員に服するが、部下に対しては、役員が代理していた頭取の権威をさらに代理的に体現して振る舞っています。

③ 支店における中間管理職者（次課長・代理等）と若手行員は、支店長の権限に服するが、職務遂行上の責任は権限を委ねてくれた直属の上司に対してのみ負います。

このような銀行の組織は家元制度に似ているように思います。家元制度は、家元から教授・名取として認定された者が、直属の門弟に対してだけ監督しうるとともに、委譲された権限の範囲内で自律性をもつことができます。

銀行の支店長は、家元制度における教授・名取と同じように、トップ（頭取）の権威を代理する上位者（本部役員）に服しますが、下位者（部下）に対しては、上位者が代理していたトップ

の権威を代理的に体現して振る舞います。教授・名取が直属の門弟に対してだけ監督しうると同様、支店長も経営を任された支店の部下だけを監督しうる立場ということです。

茶道・華道・日本舞踊等を習う者は、教授・名取から指導を受けますが、家元から直接指導を受けることはもちろん、家元に会う機会はほとんどないといえます。稽古に励む者は、直接指導を受ける教授・名取から教えてもらうことを信じ、それがすべてです。銀行も、頭取からの生の声の指示が現場の若手行員に直接的に届くことはありませんし、若手行員が頭取と会って話す機会はまず少ないと思います。上期・下期の期初に行われる支店長会議に出席した支店長が、頭取や本部役員の考えを現場に戻って伝えます。その場合、頭取や本部役員が意図した考え方が、正確に現場の若手行員に伝えられているとは限りません。家元制度において、教授・名取が生徒に教えていることが、家元の考えていることと同じかどうか生徒はわかりません。同様に、支店長が頭取・役員の話を、自分に都合よく解釈して、支店長なりに話しているかもしれませんが、若手行員にそれはわかりません。若手行員にとっては支店長から伝えられる情報がすべてです。

銀行組織が共同体であるという表現は矛盾していると思う人もいると思います。なぜならば、銀行は組織としての役割・目的をもっていますが、共同体は「共に居る」ことを基盤とする集まりであり、明確な目的をもっていません。

共同体の意味について、『広辞苑〔第四版〕』（岩波書店）は「血縁的・地縁的あるいは感情的

なつながりを基盤とする人間の共同生活の様式。共同ゆえの相互扶助と相互規制とがある。特定の目的を達成するために結成される組織と区別される」と書いています。

ところが、山本七平氏は『日本資本主義の精神』（一九七九年、光文社Kappa Business）で次のように書いています。「会社が機能すれば、そこに会社共同体が生ずるし、また会社を機能させるには、それを共同体にしなければならない。したがって新入社員の採用試験や入社式は、共同体加入のための資格審査であり、また通過儀礼である。（略）共同体に加入すると、次に、共同体の一員として訓練があり、それが終わってはじめて、機能集団としての会社の役割が与えられる。会社はもちろん機能集団なのだが、それでも、日本の場合は、まず会社という共同体に加入し、それから機能集団の一員としての仕事のトレーニングをうけるという形になるのだ」（同書四三〜四四頁）

以上のことから、筆者は、銀行は家元制度的な共同体と考えることができるといえます。

2 しかし、会社を共同体と認識するのは日本的な特徴かもしれません。かつて（一九七六年）、日本の政財界を揺るがしたロッキード事件のとき、日本の新聞記者がロッキード本社に取材のため訪れた際、同社の社員の多くがこの事件に無関心であったことに驚いたという記事を読んだ記憶があります。ロッキード社の社員は会社に自らの労働力を提供して報酬を得ているだけという意識であり、ロッキード社という共同体の一員という認識がないということに記者は驚いたと書

いていました。アメリカでは、会社を共同体として認識すること、自分が共同体の一員であるという認識は薄いようです。

日本の銀行においては、終身雇用が前提とされており、行員は銀行を運命共同体としてとらえていることから、ロッキード社の社員のような対応はまず考えられません。銀行を共同体としてとらえ、自ら共同体の一員であると認識することは、組織論的には強みと思われますが、半面、それが集団的思考に陥って悪い面が出てくることがあります。それは次のような局面で現れます。

① 自分がいる銀行は破綻することはないという思い込みを抱き、リスクに対して楽観的になりがちになる。

② 本部が掲げる施策については疑念を生じることなく信じ込み、自ら社会的良識や道徳倫理観に照らし合わせて考えることをしない。

③ 過去の政策や前任者がやったことと異なる行動をする場合、その理由づけを一人ではなく集団で考える努力をする。

④ 経済社会における銀行の存在を、一般企業に比して優位的にあると感じており、対顧客場面において紋切り型対応に陥りやすくなる。銀行の行動や施策に対し異論を唱え、批判・反論する顧客を敵性視したり、あるいは見下す傾向あり。

⑤　銀行全体、支店内で共有されるべき施策・意見について、反対意見をもつ自分を、忠誠心に欠ける者という目でみられているのではないかというプレッシャーを感じる。

⑥　そのため、目標数値の妥当性について検討したり、一度否定された案を再検討したり、不測の事態が生じた場合の対策準備などは行わずに、言われたことを言われたとおりに行う。

要するに、銀行員は、銀行のために役に立ちたい、貢献したい、忠誠を尽くすという意識が強く、銀行と銀行員は御恩と奉公のような関係になっているようです。銀行では、銀行の空気を正しく読む人がかわいがられる傾向にあるのは、共同体意識が強い組織集団の特徴かもしれません。銀行員は、その共同体の一員であることを誇りに思うと同時に、強くそれを意識していると思います。

第2項　「官僚的」「民僚的」ということ

1　現場には、本部にいる人に対して「官僚的」「官僚主義的」という言葉を使う人がいます。「官僚的」「官僚主義的」という言葉であげつらうのは、本部にいる人は、エリート意識で現場を見下したり、セクショナリズム意識があり自分に課せられたことしかやらない、融通が利かない、臨機応変の対応ができないなどということを指していると思います。銀行の本部組織、あるいは本部にいる一人ひとりが、自らの職務・役割を全うし、役割に応じた責任を負っているなら

ば、そのように批判されることはありません。問題は、セクショナリズム意識が前面に出て、責任をなすりつけあい、責任の所在を明確にしないことで起きる現場の不安かもしれません。

そもそも銀行員は霞が関の官僚とは違います。官僚ではない銀行員であるのに、本部にいる人に対して「官僚的」「官僚主義的」という言葉を使うことに違和感を覚えますが、なぜそのようにいうのでしょうか。

官僚制という言葉を組織論で使い始めたのはマックス・ウェーバーです。その官僚制組織の特性は三つの言葉に集約されます。

○　集権化：重要な意思決定は組織の上位階層で行われる。
○　公式化：職務は法令・規則に基づく手続に従って遂行される。
○　没人格性：人間関係は希薄化している。

銀行の本部組織を上の三つの特性と照らし合わせてみてどうでしょうか。筆者は、銀行は官僚組織とは異なりますが、官僚的といわれるような「似て非なる」問題点を抱えているといえます。それは、大企業病といわれるなかに「官僚的」といわれる要素があると考えられるからです。

2　官僚組織とは違う銀行で働く銀行員が「官僚的」という言葉を使う背景には、大企業病に罹った社員の行動等に官僚的特質をみることができるからではないでしょうか。

銀行は私企業ですから、「官僚」といわれる人はいません。しかし、私企業にいながら官僚的という意味の「民僚」という言葉を見つけました。「官僚病の特徴に、官僚が顧慮しない「利益」「効率」「評価」「意思決定」という要素を加えると、大企業病にかかっている会社員、すなわち「民僚」の姿になる」と、稲垣重雄著『法律より怖い「会社の掟」』（二〇〇八年、講談社現代新書）に書かれています（同書七五頁）。

同書では、「「民僚」の行動パターン」として次のように書いています。

「その特徴は、数字・ルール偏重、現場感覚から遊離した意思決定、人事の減点主義、考え方の同質性、評論家体質、時代や社会状況を考慮しないことなどだ。さらに次のような行動や態度につながる。

○ 新しい提案・考え方には最初から否定的な反応を示す。
○ 問題を先送りする。
○ 指示待ち体質で自分からは始めない。
○ ヤバイ情報を隠す。
○ 会議では本当のことは言わない。
○ 人事考課が減点主義で長所を伸ばすよりも弱点を改善することに力点が置かれる。」（同書七五～七六頁）

銀行のなかに上記のような特徴をもつ人がいるように感じることがあります。このよう特徴は、「安定志向」と「自己保身願望」をもっている人に表れるようです。銀行は数的目標の達成を第一に願うように、銀行員は何よりもわが身の安定をいちばんに願うようです。

上記のような「民僚」的行動パターンは、本部にいる行員だけでなく、程度の差こそあれ、現場にいる行員にも当てはまる特徴といえるのではないでしょうか。多くの銀行員はそれを自覚していながらも、安定と自己保身のため、リスクとなる行動は避けるようになっているのです。

その傾向は年齢とともに強まっていくように思います。言い換えると、自由な発想をもって銀行に入行した者も、銀行という組織社会の掟を徐々に感じ始めることで「民僚」的行動パターンに染まっていくと考えられます。つまり、本音は別なところにあるが、空気を読み、建前論で発言し、皆と同じように行動し、組織において波風を立てないことが「安定」と「自己保身」が図られるということを知る（学ぶ？）ようになるのです。まさに、中世ヨーロッパにおいてのキリスト教世界観に逆らわない生き方に染まっていくようになるのです。

『半沢直樹』のドラマを観るとき、半沢直樹が上司に対して本音をずけずけと言う姿をみて、自分の不甲斐なさを感じながら心のなかで拍手を送っている人がいるのではないでしょうか。それは、ほとんど多くの銀行員は「民僚」的行動パターンで動いているからだと思います。

「会社＋家畜」から「社畜」という造語があり、この言葉は会社のいいなりになって働く人を

揶揄する言葉として使われるようですが、最近は自ら自分のことをへりくだって「社畜」とアピールする人がいると聞きました。それは会社に従順であり、上司から言われたことに逆らわないとアピールすることで上司から可愛がってもらい、それがわが身の「安定」「自己保身」につながると思っているようです。

銀行でルネサンスを起こすとすれば、まず、上記「「民僚」の行動パターン」を次のように改めることから始める必要があると思います。

○新しい発想や、いままでと異なる考え方を積極的に提案する。
○問題は先送りせず、解決策を具体的に考え、行動を起こす。
○やるべきことは指示されずとも自ら動き始める。
○ヤバイ情報、リスク、噂の類は早めに上へ報告する。
○会議では、場の状況と雰囲気を勘案したうえ、バランス感覚をもって言葉を選びながらも自らの意見を言う。

第3項　銀行組織の問題点を「官僚制の逆機能」で考える

1　官僚制は、合理的な管理・支配の制度として生み出されたものですが、一方で人間性に対する配慮が欠けることから、予期しないマイナスの効果（「逆機能」）が出てきました。社会学者の

マートンは、官僚制の問題点を次のように指摘しました。

① 訓練された無能～規則に拘束されすぎると環境の変化に対応できず、無能な者ばかりを生み出してしまう。
② 最低許容行動～人は規則化されている最低限の行動しかしなくなる。
③ 顧客の不満足～感情を抑制して働くため、顧客に対しても機械的に対応してしまう。
④ 手段の目的化～分業が進んだ結果、部門目標や自分の目標を優先し、組織全体の目標が忘れられる。
⑤ 個人の成長の否定～効率を優先し、過剰な分業と専門化を進めた結果、個人の成長を認められなくなる。
⑥ 革新の阻害～古い規則に固執するあまり、革新的な行動を許容しなくなっていく。

（『経営組織』（二〇一二年、有斐閣アルマ）より転載（同書六七頁））

このような「官僚制の逆機能」という問題点は、官僚が無能で資質に欠けるがゆえに生じているわけではないと思います。むしろ、官僚が官僚制度の諸原則に忠実であろうとするところに起因していると考えるべきと思います。

2　銀行の組織のなかでも、上記のような問題はあります。それを次の三つの言葉で考えてみます。

① 形式主義

コンプライアンス経営においては、法令はもちろんマニュアルに照らして業務は厳格に処理されるべきです。逆に、融通が利かないことを官僚的といい、不満に思っている人に考えてもらいたいことは、融通が利き過ぎる対応というのは、必要以上の裁量権限が与えられることを意味し、コンプライアンス経営と相容れない側面をもつことになります。

しかし、経済環境や時代が変化していくなか、マニュアルや規則が時代遅れになっているような場合には、すみやかにマニュアルや規則を変更する手続を行うことが望ましいと思います。それが間に合わない状況下では、マニュアル・規則を弾力的に解釈して異例扱いの対応を認めることも「顧客第一」「顧客満足」の視点から必要ではないでしょうか。

「規則ですからダメです」「特別な事情があるのだから何とかならないか」「規則ですからダメなものはダメです」と形式的で杓子定規な対応をする前に、まずは特別な事情というものに耳を傾け、もっともである事情であるならば、マニュアル・規則を盾に断るだけでなく、マニュアル遵守の姿勢は崩せませんが、どうしたら顧客の事情に応えることができるかを考えることが大事ではないでしょうか。

同じような事情が多く発生していることがわかれば、マニュアル・規則を見直すきっかけにもなります。銀行が想定していなかったことが現実に起きている実態を顧客から教えてもらうこと

もあると思います。

筆者が三〇年来お付合いしている夫婦のご主人が脳梗塞で倒れ、入院しました。奥様が生活費や医療費の支払のため、ご主人名義の定期預金を解約するため、ご主人名義の通帳と印鑑をもって窓口に行くも、本人の意思確認が必要であるといわれ、解約できなかったそうです。銀行の立場からすれば、奥様が話した事情が本当かどうかわからないので（夫が倒れたことはウソで、夫の定期預金を勝手に解約するのかもしれません）、通帳の名義である本人の意思確認が必要という規則が銀行にあることはわかります。脳梗塞のため会話ができない状態で、かつ家族以外面会できない状況であるのに、その規則を盾にして解約できないことを言い張るだけでなく、顧客の立場に立って親身に相談に乗ること～たとえば成年後見制度利用の可能性等～が真の「顧客第一」「顧客満足」ではないでしょうか。規則を盾にした形式主義的な対応を受けた顧客の気持ちを考えなくてはいけません。

② 繁文縟礼《はんぶんじょくれい》

役所への許認可申請では膨大な書類の作成と煩雑な手続があります。このように規則や手続が細かく定められて煩わしいことを繁文縟礼といいます。

昔、「コント55号」が演じたコントに次のようなものがあったのを思い出します。

役所の職員と市民の会話。「トイレを貸してください」「じゃ、使用願いの書類に必要事項を書

いて、ハンコを押してください」「がまんできないんだ」「一応、規則ですから」～（急いで書類を書く）～「はい、では使っていいですよ」～トイレに向かう～「ちょっと、あなた、大ですか小ですか?」「大です」「だったら書類が違いますので、こっちの書類を書いてください」。実際にはありえない話ですが、融通の利かない役所を風刺したおもしろいコントです。

銀行においても、顧客にいろいろな書類を書かせていないでしょうか。銀行の事務処理の手続は詳細に定められており、また正確な記録を残すという観点に立ち、顧客からの申請書・必要書類の徴求、また行内の稟議書・報告書等は書面・文書によることが多いと思います。とはいえ、不必要な書類や手続を簡素化する余地は常にあると思います。

繁文縟礼の問題においては、特に、顧客対応において、極力、顧客の立場に立った仕組みづくりに努めるべきです。銀行がトラブルにならないように、後ろ指を指されないために、という理由だけのために、自己満足的に資料・書類を多く書かせて提出させる傾向があるように感じます。本当に必要なものなのか、提出した書類をどのように処理しているのか、疑問をもっている顧客は多いと思います。

筆者が、同期会（入行年次が同じ同期の者が集まる会）の通帳＝いわゆる「任意団体」の普通預金口座を開設するために銀行の窓口に行ったところ、同期会の「規約又は会則」「過去の活動記録又は議事録」の提出を求められました。仲間たちとの飲み会精算時の剰余金を入れたり会費徴

求時に使う口座をつくるのに、口座作成者・口座管理者・代表者の本人確認は必要でしょうが、「会則」「議事録」が本当に必要なのでしょうか。「会則」「議事録」の提出を受けた銀行は、それをどのように処理しているのでしょうか。窓口担当者および上司が、会則・議事録の中身をみて、口座開設の可否を判断しているとは思えません。形式的に提出すればよいだけならば、顧客に無駄なことを要求していることになります。まさに繁文縟礼の典型ではないでしょうか。

③　セクショナリズム

霞が関の官庁において「局あって省なし」という言葉があります。日本の行政が縦割り（セクショナリズム）であることを表す言葉です。それは、組織全体の利益よりも、自分が所属する部局の利益を優先したり、自分の担当職務以外に関心をもたないことで、批判されることがあります。

銀行の本部においても、自分の部署の仕事の専門性を盾にして、他部・支店は自分たちがやっていることはわからないだろうという意識をもち、場合によっては支店を見下しているようなところがあります。本部が民僚的といわれるのは、本部にいること自体に優越感をもつ行員が、顧客と接し業務遂行に頑張っている現場に対して、優越的地位にいるという目線で現場を見下す雰囲気が民僚的と映ります。本部は現場の目標をつくり、業務を指導し、成果を評価するという役割であることは間違いありませんが、その組織にいることで、自分の能力が高いことと勘違いし

ている者がいます。そして、往々にして権威主義的な発言をする者がいますが、本部にいる者は謙虚さが大切です。

また、本部間では、業績・収益で競い合う関係において縄張り意識が出る場面もあります。このような場面をつくりだすということは、自部署のメンツを守るために出る自閉症的症状といえるでしょう。それが「縦割り意識」とか「蛸壺現象」といわれる民僚的側面かと思います。組織が肥大化して、分業体制になったもとでは、程度の差はあれ、セクショナリズムは逃れることはできないと思いますが、その弊害を極力抑制するべく、部門間の調整、情報の有効な共有等を考えることが重要になります。

合併銀行における旧行意識に基づく衝突はセクショナリズムの典型かもしれません。同じ銀行にいて、同じ目的に向かうべきなのに、「あいつらが」という敵対視するような言葉遣いは感心しません。

バブル期の銀行においては、ボリューム・収益競争に勝つため、営業推進部門が審査部門に対して「審査部が余計なことを（リスク管理にうるさく）いうから数字が伸びない」「審査部は稼ぐことができない連中の掃き溜めだ」と言うと、審査部は「あいつらは会社をみる目がない」「事業経営の実態把握ができない奴らは数字さえ伸びればよいと思っている」と言い合っていましたが、これもセクショナリズムといえます。

セクショナリズムは、部門からグループ（課）へ、チーム（係）へ、そして最小単位では個人にまで広がります。「私の好きなようにやらせてください」「私の勝手でしょ」「なぜ、私がそんなことまで説明しなくてはいけないのですか」という言葉は、個人的なセクショナリズムといえます。これは自分の縄張り意識といえるものです。

個人的なセクショナリズムについて、一般論としていえることは、協調性がない、バランス感覚がない、能力が低い、経験が浅い……という者ほど組織マネジメントに対する認識は弱いと思います。それは、銀行全体の最適→部門最適→支店最適→課内最適→自分さえよければよい……というように視野が狭くなる傾向にあります。

セクショナリズムの解消はむずかしい問題です。最終的には個人の問題に行き着きます。大事なことは、マネジメントにおいて、同じ課・支店・部門・銀行にいる仲間意識をもつことから始め、個々人が自分にとって関心が低い話題・問題についても好奇心をもって耳を傾ける姿勢をもち、コミュニケーションをよくする努力が必要になると考えます。これは言葉や文章で説いてもダメで、実際に個々人が相当意識的に努力しなければいけない問題かと思います。

第4項　支店は本部に従属するものか

1　「従属」という言葉の意味は、『広辞苑』によると「他のものにつき従うこと」と書かれ、

「従属会社」（資本参加のほか、契約・定款などに基づいて他のある会社の支配に従属する会社）、「従属関係」（上位概念に対する下位概念の関係）、「従属国」（政治的ないし経済的に他国の支配に拘束されている国）という熟語が記されています。

「銀行の支店は本部に従属している」という書き方は間違っているでしょうか。組織論として議論するとき、おそらくイエスとノーの両方の答が返ってくると思います。しかし、銀行における実態をみるとき、イエスという答＝すなわち、支店は本部に従属している組織という認識をもっている行員が大多数だと思われます。その根拠は、支店のトップである支店長が本部に服従している姿をみるからです。服従とは、「他の命令または意思に従うこと」（『広辞苑』）です。多くの支店長は、本部からの指示・命令に服従し、本部に対して異論・反論を唱える支店長は少ないと思います。

筆者は、支店長は本部の服従者であってはいけないという考えをもっています。なぜならば、支店長は支店という組織の経営者であり、支店の統率者であるべきと考えるからです。

支店は、本部から指示・命令・目標値を受ける立場であることは事実です。しかし、その指示・命令に服従し、目標値を達成しなければいけないという思い込みは行き過ぎかと思います。支店は、本部からの指示・命令を受け、目標数値の達成に向けて精一杯の努力をすることは当然の使命であります。しかし、支店経営は支店長に任されたものであり、本部からの指示・命令に

反しない範囲で支店長の裁量権限があることを認めなければいけません。数的目標値についても、支店長が自店マーケットと支店の戦力をみて総合的に判断し、やるべき業務に優先順位をつける経営を行うこともあります。そこに、支店長自らの経営判断とリーダーシップが現れます。本部・役員からいわれたことを唯々諾々と、まるで「蕎麦屋の出前」ごとく伝言ゲームで部下に伝え、命令するだけの支店長は自ら考えることをしていない、経営判断を放棄しているといわれても仕方ありません。本部に服従する姿勢をみせることで、本部役員に「従順」という良い印象を与えることが、自分の安定と保身が図られると思っている支店長は多いと思います。

本部が策定する施策や目標数値がいつも正しいとは限りません。施策や目標数値が現場感覚から離れたものだと感じた経験はありませんか。机上主義の本部と現場主義の支店と、発想や感覚が違うことは、立場の違いからありえます。本来の目標管理制度であれば、本部と現場で議論したうえで施策や目標数値が決められるべきです。しかし、多くの銀行の実態は、「施策と目標値は天（本部）から降りてくる（与えられる）もの」＝「受けなければいけないもの」という意識になっているのではないでしょうか。そこにノルマ意識が発生し、支店は本部に従属するという意識につながっていくのです。

支店が本部に対して従属するという意識をもつことの問題点は、支店長以下が現場で業務遂行するとき、顧客をみないで、本部をみることにあります。「顧客第一」「顧客満足」というスロー

ガンが、「銀行第一」「銀行満足」にすり替わってしまうのは、顧客から信用・信頼を得ることより、本部から評価されるための行動をとることに原因があります。

2　「指月《しげつ》の法」という言葉を知っていますか。禅から来た言葉ですが、その意味は、「月をさす指をみるな、月そのものをみなさい」という教えです。座禅も読経もそれが目的になってはならない、座禅を行うことの目的は自分のなかにある本来の自分（仏性）をみることにあるということであり、その本来の目的＝本質を忘れてはいけないということです。

本部も支店も同じ銀行の組織です。本部も支店も、銀行の目的を実現するため、立ち位置は異なりますが、それぞれの役割を担って、同じ方向の先にある目的に向かって行動しなければいけません。本部がさす指の先にあるのは銀行の目的であり、支店も同じ目的のために動くべきです。支店が銀行の目的をみないで、本部がさす「指」（顔色とご機嫌伺い？）ばかりみていてはいけません。支店が行う銀行業務は顧客のために行うもので、本部が満足するために行うものではありません。支店は本部に従属するものではありません。支店は本部の付属品ではありません。

3　経営者という意識をもっていない支店長は、基本的には本部に服従する態度で、「本部から言われたらやるが、言われなければやらない」という特性がみられる一方、自分がうまく振る舞うために時として本部を悪者扱いすることがあります。顧客にうまく説明できない場面で「本部がそういっているので～」「本部が決めたことなので～」という常套句を言う人がいます。そう

いう言葉を吐く人は、責任逃れの言い訳として、本部をスケープゴートにするのです。それは、自ら説明ができないという能力の低さ、また責任感がないことを露呈する言葉です。

たとえば、借入申出に対して応じられない場合、「自分は何とか貸したいと頑張ったのですが、本部が認めてくれないので……」と、本部を悪者にすることで、顧客から直接非難されることを避ける支店長がいます。実際に審査部が否認した案件でも「本部が～」と言わず、否認理由をしっかり説明することが大事です。さらに、否認理由を踏まえて、その顧客のために何をすることができるか、今後のためにどのようなアドバイスを行うべきかまで考えて対応することが大事になります。そういうことができない支店長は失格です。

上記のように、本部ばかりみていて、本部に服従する態度で、時として本部を悪者扱いする支店長の姿勢や背中をみている若手行員はどのように思っているでしょうか。業務知識や実務知識も乏しく、部下の神輿に乗っているだけの支店長をみて、若手の部下は何を考えるでしょうか。支店長に対して、信頼し、尊敬の念をもつでしょうか。そのような支店長に、部下の育成・ＯＪＴを任せるわけにはいきませんし、おそらくそのような支店長は部下の育成・ＯＪＴはやっていないでしょう。

「支店は本部に従属するものか」という問題は、単に組織論で論じるだけでなく、顧客満足や人材育成の問題にも影響するということを知る必要があります。その影響を考えれば、自分の身

の安定と評価を得るために、本部に従属意識をもつ支店長は、経営者として望ましいとはいえません。支店長には、支店は本部に従属するものではないという考え方をもち、経営者として支店経営を行ってもらいたいと考えます。

第2節 銀行員のあるべき姿

第1項 自分の頭で考える

1 銀行員の基本的能力は世間一般の平均レベルより上の水準にあると思います。銀行員は業務を遂行するうえで必要とする最低限の知識は当然学びます。知識を得る勉強は行いますが、それ以上のことを自分の頭で考えることは少ないと思われます。

「論語」の為政篇に次の言葉があります。「学而不思則罔、思而不学則殆」読み方は、「学びて思わざれば則《すなわ》ち罔《くら》し、思いて学ばざれば則ち殆《あやう》し」です。意味は、師の教えや書物の中身をただ覚えるだけで、その内容を自分で考えないのでは、真理がみえてこないということです。ただ学ぶだけでは、パブロフの犬のように反応するだけの頭になってしまいます。

知識と思考（自分の頭で考えること）は違います。多くの人は、自分の頭のなかにある知識や情報を検索して、それをアウトプットすることで「考えた」と思い込んでいるようですが、それは自分の考えではなく、自分がもっていた知識だったということに気づかなければいけません。知識や情報は考える材料ですが、それ自体が自分自身の思考とはいえません。

なぜ、自分の頭で考えなくてはいけないのでしょうか。それは、自分で考えないということは、だれかが考えたことに従うことになるからです。だれかが考えたことは必ずしも良いこと、正しいこととは限りません。自分の頭で考えないということは、うそや悪ということを知らずに付き従うことになります。物事の本質や真偽・善悪を見極めることなく、また大衆行動に流され、「赤信号、皆で渡れば怖くない」という発想に支配される自分に陥っていくことになります。

本部や上司から言われたことに盲目的に付き従っている人は、自ら考えることを忘れているといえます。自分の頭で考えると、本部の施策は間違っているとか、支店長の指示はおかしい……ということがあるはずです。「銀行の常識」といわれていることが、世間から非常識といわれても、「なぜ常識といわれているのか」「本当にこれは常識といえることなのか」ということを自ら考えないまま、言われたとおりにやっている人がいます。「銀行の常識」が世間で非常識といわれる理由はどこにあるのかを考えることが大事です。自ら考え、「銀行の常識」といわれたことは、間違っていないと思うか、間違っていると思うか、その判断によって自分はどうしたらよい

かを考える、ということが大事なのです。常識といわれることでも、健全な懐疑心をもって自分の頭で考えることが大事です。

自分の頭で考えることをしない人たちが集まって、肯定し合うことからは、新しい考え方やアイデアは生まれてきません。

2 銀行員として職務を全うするためには、自分の頭で考えることが必要であり、そのことが大事なのです。その思考方法は二つあります。「論理的思考」と「批判的思考」というものです。「論理的思考」というのは、筋道が適切になるように考え、伝えることです。「批判的思考」というのは、筋道が適切ではないところを考え、それを指摘することです。

考え方の筋道が整理され、説明内容に矛盾はなく、理路整然とした説明であれば、その考え方は多くの人に理解され、受け入れられます。また、自分が自らの考え方を披瀝するとき、そのように説明できれば他人に対して説得力をもち、理解されます。これが「論理的思考」です。

一方、考え方の筋道に矛盾や誇張があり、また説明内容が適切でない場合、論理的思考力をもって相手が言っている不適切な説明箇所を指摘し、「本当にそうなのだろうか?」と疑問を投げかけ、自分の頭で考え直すことを「批判的思考」といいます。批判的思考というのは、「非難する」「否定する」ということではありません。相手が伝えたい内容や結論の根拠となる説明に対して、健全な懐疑心をもって「本当にそうなのだろうか?」という疑問を発し、自分の頭で考

えることをいいます。

自分が説明する立場にあるとき＝上司への報告、会議での意見表明や顧客へ説明する等の場面では、結論に至る過程は論理的思考に基づく考え方を筋道立てて説明する必要があります。筋道が混乱しているとだれも理解してくれないばかりか、能力を疑問視され、信用を失うことになりかねません。

一方、説明を受ける立場＝借入申出や決算説明の場、あるいは会議で他の人の説明や発表を聞く場においては、批判的思考で臨むことが大事です。相手の説明を無批判・無条件で受け入れる（鵜呑みにする）ことではなく、「本当にそうなのだろうか？」と健全な懐疑心をもって、自分の頭で考えることがきわめて大事です。説明内容に論理的におかしな点がなければ、論理的思考で受け入れることができるはずです。

たとえば、「早割り・早貸し」「貸込み」「期末借入れの協力依頼」という行為は銀行が数字をあげるための方法として、当たり前のやり方＝「常識」と教えられている銀行があるようです。この常識といわれている内容について無批判・無条件で受け入れていませんか。この常識について批判的思考で自ら考えてみたことがありますか。

「早割り・早貸し」「貸込み」は、貸出先に支払う必要がない利息を余分に支払わせ（＝損をさせる）、それを銀行の利益にすることで、自分の実績づくり・成果につなげる行為です。これは

「顧客第一」「顧客満足」という銀行のスローガンと矛盾しています。あるいは、顧客に損をさせ、それを銀行の利益・自分の実績にすることは「利益相反行為」の疑いもあります。これは正しい行為であり、常識ということの問題はないといえるでしょうか。

「期末借入れの協力依頼」は、期末日の貸出残高を大きくみせるために、期末日を挟んで行う短期貸出を親密な貸出先に依頼することです。この行為の本質は、期末日の貸出残高を虚飾する＝すなわち銀行が残高を大きくみせかけることへの協力依頼であることに気づくはずです。実質的には、実態が伴わない数字づくりであり、銀行が粉飾決算をすることへの協力依頼といえます。極短期の借入れにしても貸出先に余計な支払利息で損をさせることになります。経営の基本方針に、「コンプライアンス経営が重要」「顧客のため公正・誠実な取引を行う」ことを掲げている銀行がこういうことを行っていてよいのでしょうか……と、批判的思考をもって自分の頭で考えたとき、上司・先輩から「常識」と教えられていることにも疑問がわくはずです。

3 「風が吹けば桶屋が儲かる」という諺があります。この諺を知っている、聞いたことがあるという人は多いと思います。それでは、なぜ、風が吹いたら桶屋が儲かるのかという理屈を考えたことがある人はいますか。

この諺は、ある事象によって、思いもしなかった場所や物事に影響が及ぶことのたとえです。ちなみに、この理屈（通説）は次のとおりです。

風が吹くと土ぼこりがたつ↓土ぼこりが目に入って盲人が増える↓盲人は三味線を買う（江戸時代の盲人が就ける職業に由来）↓三味線をつくるときに必要な猫皮の需要が増え、猫が殺される↓猫が減ると鼠が増える↓鼠は桶をかじる↓桶の需要が増えて桶屋が儲かる……という理屈です。

この理屈の流れを読むと、因果関係を無理矢理につなげたこじつけのように聞こえ、論理的には無理があると思います。しかし、筆者が貸出業務の研修において、この諺の話を行うのは、ある事象をみるだけ・聞くだけで終わらせることなく、そこからどのような推論によってどのような結論が想定されるか……すなわち、「自分の頭で考える」ことの重要性を講義する材料として使っています。特に、貸出業務は、顧客の説明を鵜呑みにしたり、事実を眺めるだけではなく、そこから真実・本質を読み取る力が求められます。また、会社経営の実態把握や業界の先行きを見通す判断力は自分の頭で考えなくては何もみえてきません。

たとえば、アベノミクスや日銀の異次元金融緩和によって、デフレ経済が解消され、緩やかなインフレになった場合、長期金利が上昇するかどうかを考え、もし長期金利があがった場合、期間一〇年の低利固定金利の住宅ローンや金利を引下げて伸ばしている貸出業務をこのまま続けてよいのだろうか、銀行の収益はどうなるのか、あるいは残存期限の長い長期国債保有による経営への影響はどうなるのか……ということは自ら考えず、「本部が考えること」「本部が決めたこと

だから」という他人任せ的な考えで、自分は言われたことを言われたとおりにやっていればいいのだ……ということでいいのでしょうか。

あるいは、少子高齢化の進展という社会の変化をニュースで聞き流すだけではなく、地域の労働人口減少によって地域経済活動は縮小しないか、それは住宅ローンや預金・貸出業務にどのように影響を与えるか、高齢者が亡くなって発生する相続問題で預金が減少する事態になったら銀行経営にどのような影響を及ぼすのだろうか、……ということも自分で考えることが大事です。

もちろん、上記のようなことをすべて一から考えなさいとはいいません。新聞・雑誌・本・TV等から得られるさまざまな意見や考え方を読み、聞き、それを参考にして、「自分としてはこう考える」という意見をもつことが大事なのです。

知識は過去のもので、思考は未来に向かうものといえます。すなわち、勉強して得る知識は過去にだれかが考えたもの、それをだれかが加工したものであって、知識自体はあなた自身が考えたものではありません。そういう知識を材料にして、いまに生きる自分が近い将来や未来に起こることを推察することで、いま時点の意思決定・判断力の訓練になるのです。

自分の頭で考えるということは、他人の意見や考え方を受け付けないということではありません。自分一人の頭のなかだけで考えることができる人などいません。学んだ知識や情報を材料にして考え、また他人の意見や説をたたき台にして考えることもあります。何人かの他人の考え方

を比較検討して自分の考え方をまとめることも、自分の頭で考えることになります。

4 仕事を遂行するうえで、「自分の頭で考える」ことが大事であると述べてきました。知識を学び、それを材料として自分の頭で考えること＝思考の重要性は、仕事だけではなく、自分の生き方や志についても当てはまります。自分で自分の銀行員としての生き方や志を考えない人は、毎日、無為に過ごしていることになります。

銀行という組織のなかにいる自分が、年齢を重ねていきながら、仕事と家庭において何を求めるかを考えることも大事です。

フランスの哲学者パスカルは次のような言葉を残しています。

「人間はひとくきの葦にすぎない。
自然のなかで最も弱いものである。
だが、それは考える葦である。
（中略）
われわれの尊厳のすべては、考えることのなかにある。
われわれはそこから立ち上がらなければならないのであって、
われわれが満たすことのできない空間や時間からではない。
だから、よく考えることを努めよう。

ここに道徳の原理がある。」

「人間は、考える葦である」という言葉は有名です。弱くて、小さくて、儚い命をもつ人間も、「考える」ことができるところに尊厳があるとパスカルは言っています。人間は、意味を求める生きものです。銀行という職場において無意味に時間を過ごすのはもったいないです。何のために学んで仕事をするのだろう。あの人は何が言いたいのだろうか。いまのような生き方にどんな意味があるのだろうか。自分がこの銀行で働き、生きる意味は何だろうか。自分がいなくても、銀行はいつもと同じように、何事もなかったかのように、業務を行い続けるだろう。そんなことを考えていたら、やりきれなくなるから、考えないようにしよう、と思うのではなく、やはり考えることが大事です。むずかしく面倒くさい問題かもしれませんが、自分で考えなくては問題の解決にはならず、ただの誤魔化しだと気づくはずです。自分で、自分を誤魔化す方法を考えて生きるのは、智恵の使い方が違う気がします。自らの存在意義を考えるところに、人間の尊厳がある……そうは、思いませんか。

この問題を考えることはむずかしいと思います。しかし、確実に言えることは、まずは考えることを始めなければいつになっても自分の答は見つかりません。スタートラインで、ゴールのシーンのイメージを考えあぐね、立ち止まっていては先に進みません。歩みながら考えることでよいと思います。そして、歩みながら、年齢を重ね、仕事内容や役割が変わると、考え方も変化

すると思います。初期の志も、より高い次元への志に成長するかもしれません。銀行員として生きる正解はどこにあるか考える旅になるかもしれません。

銀行員として、志をもたないまま、志を意識しないまま、毎日を淡々と無為に時間が流れていく状況でも生きていくことはできます。しかし、志の成長を通じて、より実り多い銀行員人生を歩むことができるためには、自分の頭で考えることが必要です。

筆者の私事で恐縮ですが、私の銀行員としての生き方は三〇歳代前半で大きく変わりました。入行してから一〇年間は家庭を顧みずがむしゃらに働きました。それは組織の期待に応えて評価されることに喜びを感じ、同期や先輩後輩たちとの競争に負けたくないという意識が根底にあったと思います。その意識が大きく変わったきっかけは二つあります。一つは病気です。心臓に異常が見つかり三週間入院したことで、仕事に対する意識は変わり、家庭を大事にしなければいけないと思いました。それは、上司から「入院がこれ以上長引けば後任を発令する」と言われたことで、銀行には自分の交代要員はたくさんいるが、家庭においては夫・父親として自分のかわりはいないということに気づいたからです。もう一つは、退院した直後に全銀協会長行として国債シ団幹事の仕事に就いたことです。対大蔵省と折衝・議論するとき、論理的に議論することが重要であることから、業務に関連する法令を徹底的に理解するため、当該法律制定時の国会議論や官僚の答弁を知るため、国会図書館に行きその議事録まで読みました。この国債シ団幹事の仕事

を通じて、論理的思考と批判的思考の経験を重ね、銀行業務においても論理的に正論をもって話すことの重要性を身につけました。これにより、銀行内での生き方も大きく変わりました。

第2項　だれが言ったかより何を言ったかが大事

1　銀行においては、同じ意見であっても、部下からいわれると聞く耳をもたないけれど、上司からいわれると聞く耳をもつ人が多くいると思います。「サラリーマンにとって大切なことは、何を言ったかではなく、だれが言ったかだ」と言う人がいます。たしかにその傾向はあります。自分の説明で相手を納得させることがむずかしい場合、相手よりポストが上の立場にいる人を引合いに出して「○○さんも私と同じ意見ですが……」と言うと、自分の意見に否定的であった相手も引き下がることがあります。また、社会的に名声があり地位ある人を引合いに出して、「この人もこのように言っている」と引用することで説得力が増します。

筆者も、第2章第1節第2項において、その便法について次のように書きました。

「この問題を考えてもらうために、私は三つの資料を用います。なぜ資料を用いて話すかといえば、銀行という組織においては、同じ内容のことでも、だれが言ったかによって受け止め方が異なることを知っているからです。無名の筆者の説得より、同じ内容でも名の知れた者、権威ある機関が言っている事実を示したほうが説得力があるからです。

若手の意見が私の話と同じであっても、支店長の態度は、若手に対しては厳しく「聞く耳はもたない」雰囲気ですが、講義で外部講師の私が話すと、一応は「聞く耳をもつ」ということです。そこで、支店長を相手に講義するとき、無名な講師の私が自分の考え方で説得するより、著名人や権威ある人や組織の見解を示すことが有効であると考えるからです。」

しかし、「だれが言ったか」ということは、他人を説得するときに使うテクニックであって、言った内容が問われることは当然です。社会的に名声があり地位ある人が言ったことでも、間違った内容やとても賛同できない中身であれば、「だれだれが言ったこと」と言われても納得はできません。

2　銀行における会議等の場面で、「何を言ったかではなく、だれが言ったのかのほうが大事」と思っている人がいたら、考え直してみてほしいと思います。筆者は、第2章第1節第1項で、若手の次のような意見を紹介しました。

「早割り・早貸しはお客様にとっては迷惑なことではないかと思っていたので、ある時、先生と同じ考えを支店長に言ったことがあります。そうしたら、支店長に〝お前が俺に意見するのは一〇年早い〟と言われ、黙ってしまいました。」

「私も、早割り・早貸しというやり方に疑問をもちました。お客様の本音は嫌である（望んでいない）と思い、支店内の会議でその旨を発言しました。そうしたら、支店長から〝数

字で実績をあげていないお前に、そんな意見を言う資格はない。黙れ！〟と言われました。」

筆者が傍線を引いたような支店長の発言は、若手が言った内容についてコメントする前に、若手が言ったことが気に入らないという態度で接しています。このような言い方はパワハラ的であり、部下は怯えて従わざるをえません。支店長は、「そんなことはお前から言われたくない」という気持ちで、なめられないように捻じ伏せる言い方をしています。会議に参加している他の行員はこれをみて、発言内容（何を言ったか）ではなく、若手（だれ）が言ったことで、支店長があのように怒ったのだ、と感じたことでしょう。

これでは、真っ当な議論はできません。部下の意見を頭から否定したり、「黙れ」という無形の圧力をかけたり、最初から結論が決まっているようでは、会議を開き、議論する意味はありません。

筆者は、「何を言ったかより、だれが言ったかが大事」というより、「だれが言ったかということより、何を言ったのかが大事」という考えに重きを置くべきであると思います。そのことの意味は、会議等の場で自由な発言が保証されなければいけないということです。かつ、会議へ参加している人たちは、上下の立場の違いがあっても、それぞれが述べる意見に対して、お互いに相手に敬意を払うことが必要であると考えるからです。いちばん下っ端である新人であっても、自分の意見を言うことができ、内容が正論で適切であれば、役職者でも新人の意見にも耳を傾け、

その意見について議論されなければいけません。また、支店長の意見であっても、異論がある場合はそれに対して自由な議論を許す雰囲気がなければいけません。

本部の見解が常に正しいとは限りません。また、支店長の指示がいつも的を射ているとも限りません。狼少年もたまには本当のことを話し、弘法大師でも筆を誤ることがあるはずです。本部と支店長の意見には間違いはないとして、自ら考えることをせず唯々諾々と従うだけでは、組織全体に重大な誤謬を生む可能性があることを知るべきです。それ以上に、自分自身の意見をもたないこと自体が問題です。

3 数年前に「KY」という言葉がはやりました。これは「空気が読める人」とも読めますが、なぜか「空気が読めない奴」の頭文字ということです。

この「空気」という言葉は、「その場の気分、雰囲気」という意味（『広辞苑』）で使われています。そして、山本七平氏は『「空気」の研究』（一九七七年、文藝春秋）という著書のなかで、空気を読むことが時に集団の意思決定をゆがめ、誤らせると指摘しています。

「何を言ったかではなく、だれが言ったか」ということを大事に思っている人たちは、会議参加者のなかで最も地位が高い人が言った事実の重みを感じ取り、あえて反論することなく、暗黙で了解する雰囲気のことを「空気を読む」というようです。その結論の正当性の根拠は、もっぱら「場の空気」ということです。結論に異論があっても、暗黙で了解した理由を問われると「あ

の時の空気では、ああせざるをえなかった」と言うだけです。

「ああせざるをえなかった」と言うことは、だれかから強制されたということを言外に言いたいのかもしれませんが、特定してだれかとは言えないので、結局は「空気」が犯人？　原因？ということになったかと思います。会議の結論が見え始めたとき、あえて批判的意見をもって自論を述べると「ＫＹ」といわれ、場の親和性を崩すことになりかねないということから、「ＫＹ」という言葉は侮蔑的に使われるようです。しかし、空気を読み、自論を控えることは、自分として納得できない会議の結論・結果を受け入れることになりかねません。会議の結論が気に入らないとして、後になってから、飲み屋で「あれは間違っている」「ああすべきではなかった」と陰口・悪口を言うことは褒められたことではありません。それは空気を読んで発言しなかった自分自身にも責任と問題があるということです。

筆者は、銀行員は「場の空気を読む」ことは大事であると思います。そもそも「場の空気を読む」ということは、場全体の状況を適切に把握し、意見する相手の顔ぶれを確認し、言葉遣いに気をつけて、タイミングを見計らうことです。また、「場の空気を読む」ことと、自らどのように振る舞うかは別の問題です。

意見に違いがあっても、空気を読んで何も言わない人がいます。空気を読んでも上手に反論し自説を話す人もいます。空気を読めないで好き勝手なことを言う人もいます。いろいろな人がい

ます。

シェイクスピアの言葉に次のようなものがあります。「言っていることは正しいかもしれない。でも、いま言うのは間違っていますよ」。これが大事ではないでしょうか。

この場でこんなことを言うと相手の顔に泥を塗ることになる、相手に恥をかかせることになる、相手を怒らせることになる……等々が明らかに想定されるのに、口に出してしまう人がいます。いわゆる「KY」といわれる人です。シェイクスピアが言っているように、正論を吐く前に相手の様子に目を向ける心遣いは必要です。大事なことは、その場の雰囲気に流されずに、自分の考え方をしっかりもつことです。

銀行という職場においては、「場の空気を読む」ことに長けて、上手に振る舞うことができる人は良好な人間関係を保ち、信頼される傾向にあると思います。逆に「場の空気を読めない人」は、話す内容がいかに正論であっても、親和性を乱すことから、好かれないようです。結局、「空気を読む」ということは、相手に対する思いやりの心ではないでしょうか。自分がまず誠実であることが大事です。空気を読む「場」は行内だけとは限りません。顧客を相手にする「場」もあります。場の空気の読み方と振舞い方は、その人の誠実さの表現であり、その人の品性や人格に基づくと思います。

第3項　健全な懐疑心・常識を疑う力をもつ

1　多くの銀行員は、銀行で年齢を重ねるとともに、銀行で常識とされていることや、本部・上司が言っていることに疑いを挟まなくなるようです。

第1項で、自分の頭で考えることの重要性について書きました。銀行で常識とされていること、本部や上司が言っていることについても自分の頭で考えてみることが大事であると書きました。貸出業務においては、取引先が話す申出内容についても、本当かどうかを自分の頭で考えることが必要です。第三者や相手が言っている内容について、自分の頭で考えることなく鵜呑みにすることは、第三者や相手の言っていることを丸ごと信じるということです。そこに、意図的ではないかもしれませんが、正しくないこと、間違った内容があるかもしれません。

「○○さんが、あなたについてこんなことを言っていたよ」と聞かされても、その事実を確かめるまでは信じないことです。なぜならば、そういうことを言っている人に、なんらかの思惑があって、その話にウソや誇張があるかもしれません。

「当行では昔からこういうやり方でやってきたんだ」と聞かされても、そのやり方が正しいことなのか、どういう意味があるのかということを考えてみてください。ひょっとすると、その方法は時代遅れでふさわしくなく、ベストとはいえないやり方で、「顧客第一」「顧客満足」に反す

ることかもしれませんし、また、いまの時代ではコンプライアンスに抵触することになるかもしれません。

筆者が新入行員の頃、夏と冬のボーナス支給時期に定期預金獲得運動というのが行われていました。筆者は「なぜ、定期預金を獲得するのか?」と考えました。上司・先輩から「安定的な預金を確保するため」と教えられました。当時の都市銀行はオーバーローン（預金より貸出が多い状態）だったため、貸出の原資となる安定的な預金が必要でしたので、定期預金は期日まで払出しされない安定的な預金として獲得運動（＝残高増大策）が行われていました。この説明に納得する一方、銀行の収益のことを考えると、定期預金より流動性預金（当座・普通・通知）を集めるほうが、預金者に対する支払金利が少なく、収益的には望ましいと思いました。会社四季報で他行との預金構成を比べると、流動性預金比率が高い銀行のほうが高収益でした。

筆者が支店長の時（一九九三〜九四年頃）、新規に取引を開始する中小企業宛てに貸出を行うときにスコアリングで貸出の可否を決める新たな施策が発表されました。しかし、筆者は「この方法で貸出の可否は判断することは間違っている、貸出担当者育成につながらない」と考え、部下には「積極的に推進する必要はない」と言いました。当然、支店に課せられた目標数値には大きく未達（実績は一件）でしたが、この施策は長続きせずになくなりました。

このように、筆者は若い時から自分の頭で考えるという習慣をずっと行ってきました。自分の

頭で考えたことが時として上司と意見が合わなかったり、本部施策に納得いかないこともありました。権限がない立場では自分の考えが通らないことは多々ありました。

しかし、支店長になった時、自分の考え方を部下に披瀝し、支店長の裁量範囲でできることは行いました。上述したように、スコアリング貸出という新施策が出ても部下に押しつけて推進することはしませんでした。その支店では、若手行員一人をアジア三カ国に出張させました。中小企業のアジア進出が多くなり、貸出先が東南アジアに生産拠点を設けるなどの海外進出が始まっているのに、国内支店勤務の支店長以下の者が海外事情を知らないのでは、貸出先の実態把握はできません。あの頃（いまから二〇年前）、若手行員を一人で海外出張させるような事例はありませんでした。人事部からは前例がないといわれましたが、人事部を説き伏せて行かせました。筆者の言い分は、貸出先の生産額の八〇％以上が海外に移っているにもかかわらず、国内の工場見学への出張は認められ、海外はダメという理屈は、実態把握をしないでよいのかという問題提起です。前例の有無ではなく、必要性の有無で考えるべきだ、と人事部を説き伏せました。

銀行員は、常識といわれていることでも、相手が言っている内容も、健全な懐疑心をもって自分の頭で考えることが大事です。過去のやり方やいままでの考え方は時代遅れかもしれません。「いままではこうだった」「昔からこうしてきた」ということではなく、前例踏襲主義にこだわることなく、現実を直視し、論理的に考えることが大事です。過去からの延長線の上で生きるので

はなく、「これからどうする」「将来はこうなりたい」というように、未来の創造のなかで生きていくためには、健全な懐疑心をもつことと、常識を疑う力＝自分の頭で考えることが必要かつ重要であると思います。

2　「あの支店でもやっていること」「あの人が言っていること」だからといって軽々にまねをするのではなく、それを信じる前に健全な懐疑心をもってその内容について自ら検証することを習慣づけることは大事です。

筆者は、研修・講義で「健全な懐疑心」という言葉をよく使って話します。「健全な懐疑心」という言葉の意味は、「誠実な心をもって健全に疑う態度」ということです。懐疑という言葉は「疑いをもつこと」という意味がありますが、「本当かな」という気持ちをもって、それを自分で確かめるということです。「多分ウソだから」というように、頭から疑うだけでは「不健全な懐疑心」となってしまいます。「不健全な懐疑心」は、強く疑うことで心が硬直化し、健全に物事を考える態度を損ないかねません。それは虚しい心の状態を指し、銀行員はそうであってはいけません。銀行員は、常に「健全な懐疑心」をもつことで、自分の頭で考えることが大事です。

健全な懐疑心は、耳に聞き目でみる情報や、他人のいう結論に対して否定することが目的ではありません。結論を支える根拠に対して「本当にそうだろうか?」と心のなかで疑問を投げかけ、最終的には自分の頭で判断することを指し、これはクリティカル・シンキング（批判的思考）

といわれているものです。

健全な懐疑心をもたない、常識を疑う力がない銀行員は、クリティカル・シンキング（批判的思考）が欠如した状態であり、脳の成長が止まっているといえます。それは、銀行組織に飼いならされた社畜のような存在になってしまい、自分の頭で考えることを忘れてしまっているのです。そのような銀行員は、言われたことは言われたとおりにやるが、言われないことはやらないという銀行員になってしまいます。

本書において筆者がこれまで述べてきたことに対して、ポストが高い管理役職者は抵抗感があると思います。一方、組織の問題点や、常識といわれていることを疑問に思うのは、銀行組織や常識にまだ染まっていない新人や若手行員であると思います。彼らは、銀行員としては未熟ですが、言い換えれば、組織の束縛・呪縛を受けていないことで自由に新鮮な目でみて、感じるのです。これとは逆に、老成した役職者たちは、本人が気づかないうちに脳が硬化しているがゆえに、組織や旧来の常識にとらわれ、新しい発想や考え方についていけないのだと思います。第2章第1節第1項の事例で紹介した若手と支店長の反応はその典型だと思います。

健全な懐疑心をもち、常識を疑う力をもつことこそ、銀行員として成長する根源だと思います。健全な懐疑心をもち、常識を疑う力をもつことは、同時に知的彷徨を伴います。それは自己啓発につながり、脳を発達させ、能力を成長させることになると考えます。

第4項　自己啓発の重要性

1　銀行員として「成る」ためには、多くの「する」ことがあります。特に、「知る」という「する」ことが必要であり、大事になります。「知る」ということは「学ぶ」ということです。

銀行に就職し、一人前に仕事を遂行するためには、学ぶことがたくさんあります。知らないことがたくさんあることは決して恥ではありません。しかし、任された業務を遂行するために必要な知識を知らないのでは、自分が困るだけではなく、支店に迷惑をかけ、顧客から信頼されず、自行の評判に傷をつけます。経験年数・年齢・ポジションに相応の知識を身につけることは必須です。そのために、「知ろう」「学ぼう」「聞こう」という姿勢は大事です。

それは、「いまの自分にとってやるべきことは何か」を考え、次に、「いまの自分に足らないことは何か」に気づき、「これを克服するためにやらなければいけないことは何か」を自分の頭で考え、それを実行することです。このことは次の式で表されます。「将来の自分のあるべき姿を考える」－「現在の自分を直視する」＝「将来に向かって自分がいまやらなければいけないこと」

銀行員として、組織と顧客から信用されるため、また自分自身がより良い人生を送るために、自分の能力を高めなければいけないことはだれもがわかっているはずです。わかっていながら、

本気になってそれを実行する人は少ないように思います。

「自己啓発」という言葉を聞いて、それは新人と若手に求める話であって、管理職になった自分には関係ないと思っている人は多いと思います。銀行に入って一〇年、二〇年も経っていて、業務遂行に関する必要知識は備えているから、いまさら自己啓発をする必要はないと思っている人がいます。しかし、そのような考えは間違っています。

銀行員の多くが、自己啓発という言葉は、業務遂行に必要な知識を得ること、語学や資格取得のための勉強をイメージしていると思います。若手行員は、人事部から推薦された通信教育を受け、金融業務能力検定（金融財政事情研究会）・銀行業務検定試験（経済法令研究会）・FP技能検定（金融財政事情研究会、日本ファイナンシャル・プランナーズ協会）等を受験するために勉強します。また、中小企業診断士・宅地建物取引主任者・実用英語技能検定、さらに、司法試験・公認会計士・税理士等の資格を得るために勉強をする人もいます。どれも立派な自己啓発です。自分の将来の姿をイメージして、自分が必要とする勉強を行うことが大事です。

2　銀行員にとっての「自己啓発」とは、職務を真っ当に行うために必要な知識を学ぶことだけではありません。銀行員としての自分を、より高い段階へステップアップするために、より高く能力を磨き、より大きい成果をあげ、成功を勝ち取り、より大きな喜びと充実感を得る生き方を目指し、より高潔な人格を追い求め獲得するために行うものです。それは自己の潜在能力を啓発

して得ることです。それは年齢やポストとは関係なく、銀行を定年で卒業するまで続けるものです。「自己啓発」は「自分に対する投資」です。

「自己啓発」で大切なことは、「自己啓発に向かう動機」です。それは、銀行員としての目的＝志をいかに掲げ、どのような人生を送りたいのかという思いと願いがなければいけません。

筆者が本項で訴えたい「自己啓発」は、銀行業務遂行に必要な知識や資格を得るための勉強ではありません。それは、銀行員としての生き方をより充実させるために行い、自らの人格を高め、磨くためのものです。そのような自己啓発のための行動は差し迫って行う理由があるわけではないので、自分で強く意識しないとそれを始めることはありません。

筆者が訴える「自己啓発」は、あなたにとって緊急性はなく、必然性は乏しいと思います。読書をしなくても仕事にさしさわりは生じません。しかし、「だからこそ」声を大きくして言いたいことは、自己啓発を生活の一部に取り入れることができれば、より充実した人生を感じ取れるはずです。緊急性がないもの、必然性が乏しいもののなかに価値があるものがあることを信じてください。

筆者が勝手に個人的に考える自己啓発は仕事に関連する知識を学ぶこととは別に三つあります。それは、健康・趣味・読書です。以下に、それぞれについて筆者が思うところを語ります。

① 健康がすべてに優先する

健康は自己啓発と関係がないように思う人が多いかと思います。しかし、筆者は健康も広い意味で自己啓発として考えたいと思います。なぜならば、仕事を行ううえでも、家庭生活・人生を送るうえでも健康が第一であり、心身ともに健康でなければ、良い仕事はできないからです。

自己啓発として考える健康の問題は、飲食・睡眠・運動・休息等の自己管理です。それは仕事を行ううえでのコンディションやメンタルヘルスにつながります。

若い時は健康管理に無頓着で不摂生しがちですが、これが生活習慣病となり、年齢を重ねることで病気を誘発するかもしれません。肉体的健康面だけでなく、精神的健康を保つためにも、飲食・睡眠・運動・休息等の自己管理は必要です。

筆者は三〇歳代前半に心臓病で入院しました。現在はペースメーカーを埋め込み、冠動脈にはステントを入れ、身体障害者一級手帳をもつ身です。手術を何度も経験した筆者が銀行員に訴えたいことは、「出世や金より健康がすべてであり、健康が第一である」ということです。健康管理は自分の問題です。

筆者は自らの経験を踏まえ、支店長時代に部下たちに言ったことは、「体に不調を感じた場合は、仕事は休み、病院でしっかり診てもらいなさい」ということです。どんなに責任ある重要な仕事があるからといっても、体の不調を隠し、無理してまで仕事をする必然性はありません。仕

事より自分の健康管理のほうがよほど大事です。仕事に対する責任感も大事ですが、それより家庭・家族、自分の人生のほうがより大事であることは論をまちません。筆者のこの考え方に対し、「甘い」と言う人は、病気も入院も手術も経験したことがない人で、健康のありがたさを知らない人だと思います。筆者は、上司から「甘い」と言われても、仕事で他人に迷惑をかけることになっても、健康管理をすべてに優先して考えるべきという考え方をもっています。

筆者の友人は海外へ支店長として単身赴任していて、体調不良は疲れだろうと思いながらも我慢しながら無理して仕事を頑張っていました。そして帰国する機会に病院に行ったところ、進行したガンが発見され、数カ月で亡くなりました。体調に異変を感じたときすぐに病院へ行けば、ガンが早期に発見され、命を失うことにはならなかったと、いまになって思っても仕方ありません。自分の健康を犠牲にし、家族を悲しませてまで、銀行に尽くして仕事をしなければいけない理由はありません。自分の健康管理は自分自身で行うものです。それも自己啓発として生活の一部に取り入れることは大事です。

② 趣味をもつ

趣味も、健康と同じように自己啓発と関係がないように思う人が多いかと思います。しかし、銀行員としての生き方をより充実させるため、自らの人格を高め、磨くためには趣味は必要であると考えます。

趣味は、仕事外の自由な時間に、自分が好きなことを行う行動のことを指していいます。銀行員のなかには「仕事が趣味」と言って憚らない人がいます。しかし、趣味は仕事外の時間に行うものというならば、「仕事が趣味」という言い方は適切ではありません。あえて言うならば、「やるべき仕事が多く、仕事外の自由な時間はない」と言いたいのかもしれませんが、本当に仕事が趣味という銀行員はいるでしょうか。毎日深夜残業をすると三六協定・労基法に抵触します。銀行員の仕事は、組織の一員としてやらなければいけないことであり、受動的であり、責任が伴うもので、「仕事が趣味」ということは「仕事＝趣味」とは違います。

筆者が、自己啓発において趣味が大事であるという意味は、趣味は仕事から離れた時間に没頭することで心を無心に、あるいは楽しませてくれ、時に新たな人との出会いを広げ、また仕事から得られる人生観と異なる価値観を教えてくれる可能性があるからです。

一つの趣味を長く続けることで、趣味に関する技術・技能はセミプロレベルになったり、知識が専門家水準になったり、他人を教える資格・免状をもつ人もいます。一つの趣味を長く、奥深く極めることもよし、多趣味もよし、趣味がいろいろと変わるもよし……と思います。銀行の仕事は多くのお客様と接しますが、趣味はお客様とのコミュニケーションを良くするきっかけともなります。

人はそれぞれに趣味の活かし方は違いますが、趣味は人生に潤いを与えてくれることはたしか

です。そして、趣味は自分を厳しく鍛えてくれる面と、人間の深みというか、温かさ、優しさを与えてくれる面もあります。そのような効用が人格を高めることにつながると考えられることから、自己啓発として大事にして、行動することを勧めるものです。

「自分には趣味と呼べるものはないんです」という人がいます。また、「趣味をやることに何か意味がありますか⁉」という人もいます。そういう人は、「食べず嫌い・食わず嫌い」と同じで、趣味の楽しさを知らず、趣味を行う意義も考えたことがない人に違いありません。趣味をもつということは、仕事外＝プライベートの時間を充実させ、人間の幅を広げることにもなると思います。

世の中にはどのような趣味があるのでしょうか。インターネットに「人気趣味ランキング」が載っていましたので、ここに紹介します。男女二〇〇人のアンケート結果ですので、信頼度は別にして参考程度にみてください。

1位：料理、2位：読書、3位：映画鑑賞、4位：手芸、5位：編み物、6位：イラスト、7位：語学、8位：ウォーキング、9位：ピアノ、10位：TVゲーム、11位：旅行、12位：写真・カメラ、13位：ネットサーフィン、14位：音楽鑑賞、15位：ガーデニング・家庭菜園、16位：ランニング・マラソン、17位：食べ歩き、18位：エクササイズ・ヨガ、19位：ゴルフ、20位：ダンス

このほかにも、釣り、陶芸、寺社巡り、プラモデル、ペット飼育、茶道、野球・サッカー観戦、楽器演奏、カラオケ、ドライブ、登山、俳句、囲碁、将棋、麻雀、絵を描く、習字、等々、こんなにたくさん多くの趣味があります。

筆者が銀行員として現役の頃は、趣味に時間を割く余裕はありませんでした。仕事が忙しく、趣味に割く時間が一時的に中断する期間があっても、再び時間的余裕ができるようになれば再開したいのが趣味であり、いまはやれなくても、関心を持ち続けるのが趣味です。

筆者は学生時代に茶道を習い、茶道正教授の資格をとりましたが、銀行に就職してからは茶道を続けることはできませんでした。しかし、四〇歳に京都支店勤務になったとき、茶道の知識・作法は役立ちました。京都は単身赴任であったため、西国三十三所等の寺社めぐり、国宝十一面観音像等の仏像鑑賞も趣味に加わりました。仙台も単身赴任であったため、東北六県をくまなくドライブすることや温泉めぐりも趣味になりました。

銀行員には定年があります。銀行員としての仕事は定年で区切りがつきます。しかし、定年後も二〇余年の人生があります。銀行を辞めて仕事がなくなると、やることがないという人が多くいます。そういう人は、銀行時代に言われたことはやるが、自らやることを見つけることができなかった人です。趣味は、だれから言われることなく、自分でやりたいことをやることです。たくさんのことにチャレンジしてみてください。長続きしなければ、次々に新たな趣味を見つけれ

ばよいのです。仕事以外にやりたいことを見出し、自分のライフスタイルを刺激し、楽しくすることは、仕事だけではなく人生に潤いを与えてくれます。ちなみに筆者の定年後の趣味は、ピアノとサックスを習い、夫婦で国内外へ旅することです。

③　読　書

読書は前記の趣味のところで二番目にあげられていましたが、筆者は読書は趣味と切り離して、自己啓発の一つとして重要であるということを述べたいと思います。

最近、活字離れという言葉を聞きます。新聞や本を読まなくなっている社会的現象のことのようです。その影響についてもいろいろな見解が出されています。語彙（ボキャブラリー）が乏しい、日本語の乱れ、考える力の減退、読み書き能力の低下、勉強意欲の衰退、漢字が読めない・書けない、知識量・知的水準の落込み等が指摘され、筆者も研修を通してそれを実感しています。

自己啓発に読書をあげたことには二つの意味があります。一つは、読書は心を豊かにして教養を高める効果があります。読書することで自分が知らないいろいろなことを知り、学ぶことができ、自分の頭で考える材料をたくさんもつことができるようになります。また、見知らぬ社会・まだ見ぬ世界を疑似体験することができ、想像力を高め感性を磨くことにもなります。もう一つは、銀行員として当然身につけなければいけないリテラシー（読み書きする力）を高めることにつ

ながります。

まず、前者についてですが、あなたは一カ月に何冊の本を読みますか。読書は、元来、他人から勧められて読むものではありません。読書は自ら読みたい本を読むものです。

銀行員生活を一〇年、二〇年と過ごしていくなか、読書を習慣にする人としない人とは、その読書量の差が考え方の柔軟性や幅、語彙（ボキャブラリー）、リテラシーに明らかな差となって現れます。

筆者は、読書は「心の食物」と考えます。心に知的養分を与えてくれます。銀行業務に関連する専門図書でもいいですが、文学・哲学・歴史・文化・教養・金融経済・ビジネス等々、どのような本でも構いません。どんな本を読むべきかなんてことは言いませんし、そのようなことを押しつける考えはありませんが、ご参考までに最近（この一～二年）筆者が読んだ本でおもしろいと思ったもの（小説と金融は除く）を紹介したいと思います。

『生き方』（稲盛和夫著、サンマーク出版）
『心は変えられる』（原英次郎著、ダイヤモンド社）
『利益や売上ばかり考える人は、なぜ失敗してしまうのか』（紺野登・目的工学研究所著、ダイヤモンド社）

『媚びない人生』（ジョン・キム著、ダイヤモンド社）
『経営の真髄』上・下（P・F・ドラッカー、ダイヤモンド社）
『いまこそアダム・スミスの話をしよう』（木暮太一著、マトマ出版）
『粉飾　特捜に狙われた元銀行員の告白』（佐藤真言著、毎日新聞社）
『「便利」は人を不幸にする』（佐倉統著、新潮選書）
『フェリックス・ロハティン自伝』（渡邊泰彦訳、鹿島出版会）
『志を育てる』（田久保善彦執筆・監修、グロービス経営大学院著、東洋経済新報社）
『それをお金で買いますか』（マイケル・サンデル著、早川書房）
『これから「正義」の話をしよう』（マイケル・サンデル著、早川書房）
『なぜリーダーは「失敗」を認められないのか』（リチャード・S・デドロー著、日本経済新聞出版社）
『価値づくり経営の論理』（延岡健太郎著、日本経済新聞出版社）
『経営を見る眼』（伊丹敬之著、東洋経済新報社）
『「良心ある企業」の見分け方』（小榑雅章著、宝島新書）

銀行員は読書をする習慣をもつべきです。読書は必ず教養・人格を高めることにつながります。読書を行うことで人生に潤いが出てきます。読書することによって、自分とは違った生き方

や考え方や境遇の人がいることを知ることができます。人生の目的は人によってそれぞれですが、読書は人生の壁や山を乗り越えないといけないとき、課題や悩みや葛藤を解決する糧になります。そして、読書は自分に自信をつけてくれます。読書によって知識が増えれば、考える力が強くなり、感性が研ぎ澄まされます。それは人間としてのセンスを磨き、高めます。

このように読書は自分にとって必ず効用をもたらします。読書をしないで毎日を無為に過ごすことは、銀行員として生きるうえで、より大きな喜びや充実感をもつことができない人になってしまいます。

第5項　良好な人間関係を保つ

1　どの職場においても人間関係に悩む人は多いと思います。銀行においてもしかりだと思います。銀行は、男女の幅広い年齢層が一つの屋根の下のフロアに集まり、それぞれがさまざまなスタンスで仕事を行っています。二〇歳代から五〇歳代までの年齢層、ポストの上下関係、上昇志向の強い人、性格がきつい人・温厚な人、怒りやすい人・優しく穏やかな人、知識経験を積んだ人と浅い人、昇進昇格が順調な人・遅れている人、優秀な人・鈍い人などが一緒に仕事をするのですから、ストレスを感じないわけがありません。セクハラ・パワハラらしきことがあってもみて見ぬふり、知らぬふりをしたり、我慢している実態があるかもしれません。

筆者も、人間関係が原因で銀行を辞めようと思ったことが二度ありました。三〇歳代前半と四〇歳代前半に仕事に対するやり方で上司に対し不満を抱き、人間関係も良くない状態に陥り、悩み、体調も崩しました。ここで私的な話を具体的に書くことは憚りますが、そのような経験をした筆者が現役の銀行員にいえることは「辞めなくてよかった」ということです。辞めるということは逃避することです。銀行を辞めて行く新たな職場にも必ず人間関係があり、それがうまくいくという保証はありません。銀行員は二～三年で転勤します。長くても二～三年我慢すれば、人間関係の悩みはなくなります。筆者が銀行を辞めたいと思ったとき、妻の意見を聞き入れ、辞めたいという心を抑え、そして転勤により悩める人間関係はなくなりました。筆者が人間関係で悩んだ実体験は、支店長になってから部下の教育指導や支店経営のマネジメントに活かすことができました。部下の心を読み、察し、コミュニケーションを図ることで、人間関係は良好に保つことができました。筆者はこの経験を他山の石としました。人間関係で悩むことがあっても、銀行を辞めるという選択肢は捨ててください。その悩みは、試練であると思って、耐えることも人を成長させてくれると信じて、頑張ってほしいと思います。

2　職場における個人的感情はさまざまにあるかと思います。しかし、仕事を順調に、効率的に行っていくには、人間関係を良好に保つことが重要になります。嫌な奴でも、無能と思える上司であっても、人間関係を悪化させないようにすることは大事なことです。

銀行における人間関係をうまくやっていくための法則やマニュアルはありません。心理学者はいろいろな持論をもっているかと思いますが、ここでは筆者が自らの経験から導き出したポイントを示してみます。以下に書くことは、人間関係の悩みを解決する方法ではなく、人間関係に悩まないようにするための予防策です。能力や感情は人それぞれですから必ずしも役立つとは限りませんが、少しでも参考になればと思います。

〈ポイント1：自分の力量を自覚する〉

仕事を行ううえでいちばん大切なことは自分の力量＝能力を自覚することです。いまの自分の知識と経験と性格を客観的にみて、目の前の仕事は自分にとって容易にできることなのか、むずかしいかを認識することが大事です。自分の力量を知らずに、無理に頑張ることは、他人に迷惑をかけることになり、職場の雰囲気に悪影響を与える可能性があります。同僚や先輩・上司に指導を仰ぐ素直さが大事です。

自分の力量を判断できない者が周りの人に迷惑をかけることがあった場合、それは上司が的確に注意しなければいけません。

〈ポイント2：自分をよくみせようとしない〉

人は自分をよくみせたいと思い、人と比べて優れていることを認めてもらいたいという欲求があります。そのために、他人の言動や意見を意識的に批判・非難することで自分をよくみせたい

と考えることは恥ずかしいことです。「自分はできる人間だ」ということを演じることはしてはいけません。演じなくても、できる人はできるとわかるものです。

〈ポイント3：闘争心はもたない〉

「あの人は自分より仕事ができないのに、なぜ昇格が早いのだろうか」「こんなに頑張っているのに、なぜ評価されないのだろうか」と思ったことがある人は多いと思います。そういう気持ちや考えが、あなた自身のストレスの原因になります。そのことで他人の悪口を言ったり、他人を批判することは絶対に避けるべきです。

〈ポイント4：自分の責任と心得る〉

自分にとっておもしろくないことがあっても、それは自分の責任であると心得ることが大事です。たとえ相手に原因があっても、いちいち腹を立てず、自分で受け止める度量をもつことが大事です。「この程度のことは日常茶飯事」と、事を大きくしないで構える心をもつべきです。

〈ポイント5：周りに愚痴を言わない〉

周りの人たちに愚痴をこぼしたり、上司や銀行の悪口を他人に言うことを習慣化してはいけません。同じ状況下にいる同僚が耐えているとき、不平不満を饒舌に語ることは自らの評価を下げることになります。「壁に耳あり、障子に目あり」といいます。あなたが言った愚痴や悪口は必ずだれかに伝わります。

3　上記ポイントを読むと、人間関係を良好に保つためには、自分の感情を抑えなくてはいけないというように受け止め、これではストレスがますます大きくなると思う人がいるかもしれません。そのように感じている人は必ずいると思います。だから、筆者は、「能力や感情は人それぞれですから必ずしも役立つとは限りません」と書いたうえで、このポイントを示しました。

このポイントに反論する人を相手にして、筆者は説得するつもりはありません。まさに「人それぞれ」ですから……。しかし、筆者の考えに反論する人でも、銀行という職場において人間関係は良好に保つことが重要であるということに異論はないと思います。

銀行の職場のなかで、ユートピアといわれるような組織・部署はないと思います。どの組織・部署も、男女の幅広い年齢層がそれぞれさまざまなスタンスで仕事を行っています。そのなかで自分はいかに人間関係を良好に保っていけばよいかは難問で、それを完全に解決する術はないと思います。であるならば、いかにその組織のなかで生きていくかを考えるとき、筆者はまずは自分をコントロールすることが大事であると思い、前記ポイントを書いた次第です。

経営学に組織論や人間関係論がありますが、どれも机上の学問にすぎません。人間関係を理論で学んだことで解決できるとは思いません。家族で構成される家庭という組織における夫婦関係・親子関係で良好な関係を保つことができていない人は、それぞれが思惑をもって集まる他人同士の組織において、良好な人間関係を保つことはもっとむずかしいことを知るべきです。

この難題の解を論語に求めたいと思います。『中国古典の人間学』（守屋洋著、二〇〇六年、プレジデント社）から引用します。

「社会生活のなかで、我われの最も心を悩ます問題の一つが人間関係だが、「論語」は、この問題についてもさまざまな角度からヒントを与えてくれる。

まず孔子が人間関係の基本として重視したのが、「信」である。信とは、嘘はつかない、約束したことは必ず守るということで、しいて翻訳すると「誠実」という意味に近いかもしれない。

「論語」のなかで、孔子は「人にして信なくんば、その可なるを知らざるなり」、信がなかったら、もはや人間として評価に値しない、とまで言い切っている」（同書二三二〜二三三頁）

「この他にも、苦労人の孔子は、人間関係について、さまざまな角度から実に具体的な苦言を呈している。まず、友人の選び方についてだが、これについて孔子は、「己に如かざる者を友にするなかれ」と語り、付き合ってためになる友人と、付き合ってもためにならない友人を、それぞれ三種類ずつ挙げている。

付き合ってためになる友人というのは、剛直な人物、誠実な人物、教養のある人物の三つのタイプである。そして、ためにならない友人というのは、易きにつく人物、人ざわりのよ

い人間、口先のうまい人間、であるという。

次に、目上の人との付き合い方では、やってはならないことが三つある、と孔子は語る。

第一に、聞かれもしないのに口を出すこと。

第二に、聞かれても答えないこと。

第三に、相手の顔色も見ないでしゃべること。

この三つである。目上の人を会社の上役と置き換えてもよいだろう。」（同書二三四〜二三五頁）

銀行における人間関係を考えるうえで、この話は役に立ったでしょうか。

第5章

目標設定・実績・評価制度を考える

第1節　銀行の目的・銀行員の目的

第1項　目的と目標の違い

1　今期の数的目標を達成することが銀行の目的であると思っている人は、「目的と目標は異なるもの」ということを理解していません。多くの銀行員は、目的と目標について混同しているようです。目的と目標は明らかに異なるものです。その違いを正しく理解していない人は、自分に与えられた数的目標を達成することが目的と思い込んでいるのかもしれません。

Ｐ・Ｆ・ドラッカーは、クライアントに初めて会うとき、「What is your business?」と尋ねたそうです。Ｐ・Ｆ・ドラッカーが聞き出したいのは事業内容ではなく、「会社のあるべき姿」と「会社の目的」にあったそうです。しかし、多くの経営者はその返答に困ってしまったといわれています。そして、Ｐ・Ｆ・ドラッカーは「企業の目的は利益を追求することではなく、社会的な目的を実現し、社会、コミュニティ、個人のニーズを満たすこと」と唱えています。

さて、あなたは、あなたなりに（銀行における現ポストで）考えたとき、銀行の目的についてどのように語りますか。自行の中期経営計画を思い出し、「平成○年度までに、預金○億円、貸出

残高○億円を達成し、経常利益○億円、ＲＯＥ○％、ＲＯＡ○％……を達成する」ということを話す人がいると思います。しかし、これは間違った答です。預金・貸出の残高や経常利益額・ＲＯＥ・ＲＯＡの比率を達成することは目標であり、目的ではありません。

松下電器産業（現パナソニック）の創業者、松下幸之助氏は「事業を通じて社会に貢献する」ことが企業の目的と言っています。クロネコヤマトの宅急便を創設した小倉昌男氏は「企業の目的は永続すること」と言い、京セラと第二電電（現ＫＤＤＩ）を創業し、ＪＡＬを再生させた稲盛和夫氏は「全従業員の物心両面の幸福を追求すること」が企業の目的であると言っています。

立派な経営者である三氏の見解はそれぞれ異なりますが、どれも真理であり、どれかが間違っているとはいえません。共通していることは、利益の追求を企業の目的とはしていないことです。

日本においては、江戸時代から近江商人の「三方よし」（売り手よし、買い手よし、世間よし）という考え方があります。また、「先義後利」（義を先にして利を後にする者は栄え、利を先にして義を後にする者は辱められる）という考え方を社訓にしている企業があります。

2　企業における目的と目標の違いは次のように整理できます。

①　目標は目的のためにある。

〜目標とは目的を達成するためのステップで、目的がないのに目標だけあることはありえませ

ん。

②目標は具体的、目的は抽象的

〜目標は数値等の客観的要素で具体的に設定され、目的は意義や価値観など主観的要素で掲げられます。

③目標はみえるもの、目的はみたいもの

〜目標は定量的に進捗度を把握できて目にみえます。目的は定性的なことがらで目にみえません。あえていえば、心の眼でみたいものといえます。

④目標は過程であり、目的が行き先

〜目標は目的に至る道筋で過程といえます。一つの目標を達成することで目的に近づく方向を見定めることができます。

⑤目標は複数あり、目的は一つ

〜目的に到達するためにはクリアすべき目標は複数ありますが、目的は一つです。複数の目標とは、目的に向かう道筋が（アプローチ方法）いくつもあるという意味です。

⑥目標はあきらめても、目的をあきらめてはいけない

〜目標の達成は無理であきらめることがあっても、目的をあきらめてはいけません。

⑦目的は目標の先にある

〜まずは目的あり、その目的の実現を図るために、目的に至る過程においてクリアすべき目標を立てるということです。

以上を要約すれば、目的は意義や価値、主観的要素、何のためにやるのか〜ということです。一方、目標というのは、いつまでに何をするのか、収益額やボリュームという客観的数値です。したがって、目標は効率性や達成度や実績が問われます。

これで、目的と目標の違いを理解したとき、あなたが、日々、現場で行っている業務は、銀行の目的を知らずに（意識することなく）、上から降ってくる目標数値の達成に頑張っている自分を知ることができたのではないでしょうか。

第2項　銀行の目的

そこで、あらためて銀行の目的は何だろうかと考えてみてください。ここで、銀行法第一条の目的条文を思い出した人はどれほどいるでしょうか。同条文をあらためて書いてみます。

銀行法第一条（目的）

この法律は、銀行の業務の公共性にかんがみ、信用を維持し、預金者等の保護を確保するとともに金融の円滑を図るため、銀行の業務の健全かつ適切な運営を期し、もつて国民経済の健全な発展に資することを目的とする。（銀行法第一条第一項）

銀行法第一条の目的条文には、銀行業務の公共性を掲げ、信用秩序の維持・預金者保護・金融の円滑という三つの理念の実現を図るため、銀行に業務の健全性と適切な運営を期するということが明記されています。そして、銀行がそれを実践することで、国民経済を健全に発展させる目的が図られると書いています。

銀行がコンプライアンスを経営の最重要課題にあげているならば、この銀行法の立法趣旨を付度した目的が掲げられるべきと考えます。

そこで、銀行のホームページをみると、「当行の経営目的」として書かれたものは見当たりませんが、「経営理念」として掲げられているのが「目的」に相当するものと理解してよいと思います。

銀行のホームページやディスクロージャー誌をみると、まず最初に「経営理念（当行が目指す銀行像）」が掲げられ、以下に「経営基本方針」「数値目標」という順番で書かれています。ということからも、「数値目標」は「経営理念」の下位に位置し、「経営理念」＝目的を実現するために策定した「経営基本方針」をクリアする手段であるということがわかります。

多くの銀行のホームページを開けて、「経営理念（当行が目指す銀行像）」を読むと、そこに言葉の使い方に違いはありますが、目的として掲げている内容に共通点が見出されます。それは、「顧客のため」「地域のため」「信頼される銀行になる」という三つのことを理念・目的に掲げて

いる銀行が多いということです。

この三つのことを言い換えてみると、銀行の目的は、銀行業を通じて、「人間性の追求」と「社会性の追求」と「経済性の追求」にあると考えることができます。

「顧客のため」を「人間性の追求」と言い換えたのは、銀行員および銀行と取引を行っている顧客の双方が、銀行を接点にして人間性を向上させることを意味します。それは、銀行にかかわるすべての人が、銀行を出会いの場にして、己を磨き高めることが「人間性の追求」になります。仕事を人格の延長として考え、銀行業務・事業経営を通して各人が己の品性を磨き高めることで「人間性の追求」という目的が実現されると考えます。

「社会性の追求」は、言うまでもなく、銀行業務を通して銀行も顧客も経済社会の役に立つことを目指します。特に、銀行は経済社会における公共インフラとして、信用の要として機能することが求められています。銀行にとって重要なことは、数字だけで管理する経営ではなく、顧客・地域社会と積極的にコミュニケーションを図ることで、双方が発展することを第一に誠実に行動することです。

そして「経済性の追求」は、銀行が公共的使命を果たし存続するために必要な適正な利益をあげることであります。銀行は健全な経営を行うことによって、行員の生活を守り、行員を幸福にする努力をしなければいけません。銀行は私企業であり利益を求めることは当然ですが、それ自

体が目的ではないということです。

そこで、銀行員であるあなたは、今期の数的目標値を達成すること、達成に努力することは、「顧客のため」「地域のため」「信頼される銀行になる」という目的に通じるということを頭に入れて、業務を遂行しなければいけません。この目的を意識して業務を遂行するならば、銀行本位の恥ずかしい行為は自ずとできないはずです。なぜならば、「早割り・早貸し」「貸込み」等々の行為は、銀行の利益になっても、「顧客のため」「地域のため」「信頼される銀行になる」という目的に通じない行為であり、むしろ逆行している行為といえるからです。

第3項　銀行員の目的

前項で銀行の目的について記しましたが、あなたの銀行員としての目的は何ですか。いままで、自分が銀行員として生きる目的を考えたことがない人は、これを機会に考えてみてください。

銀行の経営目的は「経営理念」に表されていると前述しました。銀行員が考える目的は、それを「志」に言い換えてよいと考えます。

筆者は、本書第3章第3節第3項において、森信三著『修身教授録』から次の文章を引用し紹介しました。「「世のため人のため」というところがなくては、真の意味の志とは言いがたいので

す。」この文章から推し量って考えるとき、銀行員として勤める一定期間における目的は野心とは違うものであるべきという考え方につながると思います。数的目標を達成することだけに生きがいを感じ、自己の評価を得るために自分目線で仕事を行い、ポストを得ることに野心的であることは、志とはいえません。頭取や役員になることを目的に掲げ、ポストを目指すことは野心といえます。目にみえることは目的ではないと前述しました。そのようなことを目的に掲げる生き方は自己中心的であり、自己満足することが根本動機になっているものです。

銀行員の「志」は、利他性（自分のためではなく、顧客のため）を高くもつところにあると思います。数年前のNHKの大河ドラマ「龍馬伝」で坂本龍馬役の福山雅治はこういう台詞を言いました。「私心があっては志とはいえない。志とは、自分のことはどうでもいいってことです。」まさに、「志」は利他性を高くもつということを表していると思います。

「金融という仕事を通して、社会に貢献したい」「融資の仕事を通して、お客様の事業経営の役に立ちたい」という類の志を立てて、揺るぎない生き方をすることは素晴らしいと考えます。

もう一つ大事なことがあります。上述したとおり、目的があって目標があります。銀行員であるあなたは、銀行の目的を正しく知ったうえで、目標を理解して業務活動を行う必要があります。その業務活動が、あなたの銀行員としての目的にそぐわないことでは困ります。大事なことは、銀行の目的とあなたの目的をうまく結びつけて、共有することです。組織目標と個人目標の

間にコンフリクトを抱えたままでは、組織のなかにおける活動はうまくいきません。言い換えれば、あなたの目的は、銀行の目的に資する、つながる内容であることが望まれます。すなわち、あなたが目的を設定するとき、銀行の目的を斟酌する必要があるということです。銀行が「顧客のため」という目的を掲げているとき、あなたが「(顧客のことより)自分のため」という目的では困ります。

銀行員は、銀行の目的をしっかりと意識し、自分の目的と共有できていないと、毎期与えられる目標に向かって行う業務活動を納得したうえで遂行することはできません。目的をもたない銀行員は、数的目標値に支配され、やらされ感だけで、日々を無為に過ごすことになります。

第2節 目標設定について

目的と目標の違いは理解できたと思います。銀行における目標は、多くの場合、半期ごとに収益・ボリュームの増加額、件数・口数等の獲得という数値で現場に示されます。

筆者は、現在銀行が行っているそのような目標設定に関して、次のような特徴があると思っています。

① 定量的数値目標が主体になっていて、質的な定性目標が少ない。
② 目標管理制度が人事評価制度と認識されている。
③ 本来の目標管理制度ではなく、実質はノルマ制度化されている。

以下に、この三つの問題点について私見を述べてみたいと思います。

第1項　定量的目標と定性的目標

1　どの銀行も、半期ごとに本部から現場に課せられる目標のほとんどは定量的な数値的目標であると思います。定性的目標を多く掲げ、その実績を定量的数値目標と同じように評価している銀行は少ないと思います。

多くの銀行が目標設定の際に考えることは、他行との競争に勝つこと、具体的には数的格差の維持・拡大を図る、あるいは経営指標となる数字で他行を凌駕することに主眼を置いています。もちろん、経営において数的目標を掲げることは重要です。

しかし、あまりに定量的目標数値に偏る目標設定は問題を生じます。信用と信頼が基盤である銀行が、質の伴わない量的（＝数的）拡大を目標の柱にしてよいでしょうか。その結果が見せかけ上のつくられた数字であったり、数字の裏側にリスクが隠れているようでは、いくら数字が大きくても本来の成果とはいえません。バブル時代に貸出残高を大きく伸ばしたが、後に多額の不

良債権になって経営を不安定にした反省からも、質が伴わない量の拡大は銀行経営を不安定にさせる結果を招く懸念があることを知らなければいけません。

定量的な目標に固執しすぎると、次のような問題が生じます。

・短期的な結果を求める行動に走る傾向あり。
・結果重視にこだわりプロセスを軽視する傾向あり。
・数値化しにくい目標が欠落する傾向あり。
・内容や効果という質的問題がおろそかになる。

このような問題が現に生じていながら、解決策を講じていないのではないでしょうか。

2　銀行の目標の決め方については、次の二つの考え方があります。

①「前期実績の数字」＋「競争他行に勝つためにやらなければいけない数字」＝「今期達成すべき目標値」

②「将来のあるべき姿を考える」－「現状を直視し実態をみる」＝「いま、やらなければいけないこと」

①の考え方は、数字による足し算で成り立ち、他行との数的勝負に勝つための競争戦略であるといえます。この目標設定の方法は、環境変化に対する認識や企業戦略的思考を新たに大きく加えることなく、基本的にはいままでのやり方の延長線上にあるといえます。この考え方は、銀行

自身が生活習慣病に罹っていることに気づいていないと同時に、数字による勝敗とメンツにこだわった目標設定の考え方であるといえます。目標を数字で測り、経営を数字だけ管理し、実績と成果も数字でしか語れないようでは、本質的な問題は解決できません。数的目標の達成で得られることは、数字で評価される側面に限られ、数字に表れない質的な問題点の解決に必ずしもつながるとは限らないことを知るべきです。

②の考え方は、①と異なり、式に数字はなく引き算になっています。数的目標とは別に、「このようにあるべきだ」という銀行が目指すべき姿についての議論がまず先にあります。競争他行との勝ち負けより顧客がどのように銀行をみているか（顧客目線）ということを重視しています。それは、銀行の財産は顧客から頂いている信用と信頼であるという答から導こうとする考え方です。

銀行は顧客目線を忘れて数的目標を達成したとしても、そのことは半年間の業績として自己満足するかもしれませんが、顧客や経済社会が望む成果・業績であったかは別問題であると思います。

たとえば、現場に経営から数値目標と人材育成の目標与えられたとき、ほとんどの支店長は数値目標の達成を優先し、人材育成は後回しにします。その理由は、数値目標は実績を評価され、それが昇給・賞与・昇格という人事評価につながっていることを知っているからです。定性的目

標についてはは評価尺度がないも同然であることから、数値目標ほど熱心に頑張ろうとしない現実があります。しかし、銀行の目的を実現するためには、人材の育成というような定性的目標のほうがより重要であるはずです。

目標設定に関する上記二つの考え方は、銀行員個人が自らの目標を立てるときにも役立ちます。すなわち、あなたの銀行員生活は、常に自分の実績・評価を意識して、毎期数的目標の達成を第一に頑張ることにやりがいと生きがいを感じることを目的（①）にするのか、それとも「銀行員としての自分の将来像」を描き、理想を高く掲げ、銀行員として誠実に王道を歩むために、いまは何をしなければいけないかを考え（②）、それを実践することに生きがいを感じる銀行員になりたいのか、その選択はあなた自身が決めなければいけません。

第2項　目標管理と人事評価の関係

1　現行の目標管理制度において、本部から来る目標値は少ないほうがよいと思っている人は多くいると思います。また、現場において本部から与えられた目標値を個人に割り振るとき、目標値を低く設定してもらうために、来期は数字を伸ばす材料がないというようなことをいう人がいます。自分だけが目標を達成すればよいと考えている人もいます。なぜこのような状況が生まれるのでしょうか。それは、目標管理制度のもとでは結果が重視され、その結果が相対評価され、

それによって人事評価が行われ、それが昇格や昇給、ボーナスの査定に影響することを知っているからです。すなわち、現行の目標管理制度は成果主義とセットになった人事評価制度と認識されているのが実態です。

2 本来、目標管理は人事評価のツールではありません。目標管理は人事の評価制度ではなく、もっと次元の高い経営の問題です。人事評価制度の有無と関係なく、銀行は目標を立てて実行し、達成度をマネジメントすることが、本来の目標管理です。マネジメントとしては、目標管理は評価制度より上位に位置づけられるものです。

しかし、現場においても目標管理はそのように認識されず、多くの者は、目標管理＝人事評価制度と認識していることから、目標値の矮小化や業績偏重など、成果主義の弊害といわれる現象が起こるのだと思います。それは、数的業績をあげることを目標として示され、数的目標を達成することが目的であると認識して、その結果が実績考課や人事評価に直結することから、目標達成の数字競争の様相を呈しています。また、目標に対する成果を重視するあまり、競争に勝たなければという意識をもつ者は、道徳倫理観を欠くような行為・行動に走る姿もみられます。このように、目標管理制度が成果主義とセットになり、その結果が評価や処遇に連動することから、さまざまな運用面における弊害がみられるようになっています。

人事部サイドは、目標管理制度が人事評価制度としてうまく機能していないことを問題視する

傾向にありますが、それは人事部の認識が間違っていると思います。むしろ、人事部は、目標管理制度による成果主義の弊害をいかに防御するかを考えるべきです。また、コンプライアンス担当部署も、恥ずかしい行為等について目を光らせなければいけません。そして、経営者は目標管理制度が業績をあげるためのマネジメント・システムとして真に機能しているかを問うことが先です。いまのままでは、目標管理とは「やらされ感を伴った人事評価制度」ということになってしまいます。

第3項　目標管理制度の本質

1　ここで、目標管理制度の本来の意味を確認しておきたいと思います。目標管理制度と呼ばれている考え方は、一九五四年にP・F・ドラッカーが著書『現代の経営』のなかで提唱した組織マネジメントの概念です。原文では、「management by objectives of selfcontrol」と書かれており、直訳すると「自己管理による目標管理」となります。ところが、マネジメントもコントロールも管理という言葉になってしまうので「目標管理」と訳したそうです。

「自己管理による目標管理」とは、一人ひとりが組織や自分の目標を自ら考え、その目標を達成するために自分自身をマネジメントすることを意味します。具体的には、組織と個人のベクトルをあわせるべく、全社目線を組織の階層別にブレイクダウンし、最終的に個人の目標と全社の

目標をリンクさせることをねらうものです。その際、上位組織で設定された目標を下位組織に押しつけるのではなく、下位の責任者が上位の目標を自分の部署でどのようにとらえ、自分の部署の目標とするかを、上位の責任者とともに考えて目標を設定していきます。そこには、目標を設定する者と受ける者の双方が話合いで納得するというプロセスがあります。

ところが、「自己管理による」というところを略して「目標管理」と訳したことで、本来の意味を違えて、「上位組織が目標を決めて下位組織へ与え、下位組織の目標達成度について管理する」という意味で使われるようになったといわれています。その結果、下位組織に「やらされ感」が発生するのです。銀行において、本部が作成した数的目標をそのまま現場へ伝え、そして支店内において個人に目標数値を割り振るとき、目標はノルマ化していきます。

2 筆者がこのように書くと、銀行の人事部から「当行では、上司は部下と面接し、目標は話合いによって決めている」「目標管理シートも本人がしっかり書いている」と反論されそうです。制度的にはそのように設計されているかもしれませんが、それは建前論であり、実態は形式的になっていないでしょうか。

そもそも、現場に与えられる数的目標は、本部が現場の状況認識や意見を聞くことなく決めています。本部が全体の目標数値を策定するとき、現場と個別に話し合って決めることはありません。

上司が部下と面接しているにしても、実際は上司が部下に目標を受けさせる面接になっていませんか。部下は、与えられる目標値を低くしてもらうために、隠し玉は伏せ、材料が枯渇していることをいい、目標値を達成するむずかしさを誇張して訴えるでしょう。できるだけ低い目標値にしてもらえれば、達成は容易になり、一〇〇％達成できることになるという魂胆は見え見えです。

部下が上記のように抵抗して、「こんな数字は無理です」「なぜこれをこれほどやる必要があるのですか？」と言ったところで、結局は「これは決まったことなんだ」「本部が言ってきたんだから」「文句は言わず、言われたとおりにやれ」と言われると思います。これが実態であり、これはＰ・Ｆ・ドラッカーが唱えた本来の目標管理ではありません。あえて言うならば、このような支店長は部下に対する説明義務は果たしていないばかりか、部下の受け止め方は、「目標数値はノルマ」ということになります。

第4項　目標管理とノルマの違い

1　ここで、目標値とノルマの違いを説明しておきます。ノルマとは下位組織に対して「一定期間内にこれだけの成果をあげなさい」というかたちで示される「達成する責任を伴う義務的数値」のことをいいます。目標値も、「一定期間内にどれだけの成果をあげなさい」という点では

同じですが、その「数値的な責任や義務」は上位者から与えられるものか、自ら設定したものかという点が目標値とノルマの大きな違いです。

ノルマはロシア語で、終戦後に旧ソ連軍に強制連行され抑留された日本兵が持ち帰ってきた言葉で、半強制的に与えられる労働目標値という意味で使われていたそうです。旧ソ連の社会主義経済体制のもとでは、ノルマ達成は当然やらなければいけないものであり、共産党本部から評価されるためにはそれ以上の結果を出すノルマ超過競争が行われたそうです。そういう状況下で、頑張ってもノルマ達成が無理なとき、ノルマ達成を偽装するため作業のでっち上げが行われ、そのような「意図的なノルマのごまかし」のことをトゥフターといったそうです。共産党本部は、実績報告書に記載された数字がトゥフターによってつくられた見せかけの数字と知らず、それを信じていたことで計画経済は運営を誤り、それが社会主義が崩壊した原因の一つといわれています。

2 銀行において、支店も個人も目標数値の達成が無理な状況になったとき、無理に数字づくりを行うことがあるようです。貸出業務においては、「早割り・早貸し」「貸込み」「期末日越え短期借入依頼」などは、顧客が望まないことを、自ら目標達成の数字をつくるために行う「恥ずかしい行為」であり、特に、「期末日越え短期借入依頼」は、期末日の貸出残高を大きく見せかけるための数字づくりで、銀行が自ら粉飾決算を行っているといえます。件数や口数の獲得においい

ても、当該期の実績にするため親族・友人等から名前だけ借りてつくり、翌期になると解約するような「名ばかり・形ばかり」の件数・口数づくりは、まさに「意図的なノルマのごまかし」、すなわちトゥフターではありませんか。

筆者が某銀行の支店長研修において、受講する支店長たちに次のような質問をしました。「本部から与えられた数値目標をみて、「この数値目標の達成は明らかに無理（＝ほとんど不可能）」と思った場合、あなたは部下に何というのですか?」と聞きました。この質問に対する支店長たちの答は、「最後まで努力します」「頑張ります」という精神論だけでした。まるで、太平洋戦争末期の日本軍が大和魂を鼓舞し、竹槍で戦場に行くような考えです。支店長自身が無理だとわかっていながら、部下に対して「何とかしろ!」と檄を飛ばすと、部下は数字づくり＝トゥフターを行うようになるのです。

目標管理制度をノルマ化してはいけません。目標設定は、銀行の目的実現に連動する（＝貢献する）ものでなければなりません。トゥフターのような動き方が出てくるような目標設定ではいけません。本部が目標値を出すときは、その数値の意味を現場に説明し、同時に目標達成を図る施策や方法を現場に示す必要があります。努力すれば達成可能である数値目標を掲げ、実現できるような仕組みや環境を整えることも必要です。明らかに達成不可能な数値目標を押しつけ、何の支援も仕組みもつくることなく現場を苦しめることは、目標管理とはいえず、ノルマ管理

です。

第3節　実績について

第1項　「結果がすべて」という考え

1　実績を評価するとき、結果を重視するか、プロセスを重視するかという議論はむずかしい問題です。銀行における業績評価は、程度の差こそあれ成果主義が基本になっていると思われます。数的目標値を達成して結果を出すことは、収益に結びつき、銀行の業績に貢献するものです。また、行員自身も目標を達成することで自分の仕事や能力に自信をもてるようになり喜びも増します。結果は定量的に測ることができ、目にみえる数字に表れる成果ですが、結果を重視する考え方は、結果を出すためには手段は問わないという問題を生じることがあります。

某証券会社では、新入社員教育で次のようにいわれるそうです。「当社のモットーは何か！「数字が人格だ」ということだ。成績がすべてだ。能書きも屁理屈も何もいらない。営業成績の数字がすべてだ。これを頭に叩き込んでおけ！」。この証券会社の実績評価は、結果として表れ

た数字だけをみて人事評価を行うということです。努力やプロセス、方法論・手段は問わないということです。数字の多寡で優劣を決めるということで、本人の言い訳はもちろん、顧客の思いも斟酌しないということです。

筆者が思うに、この証券会社は人格という言葉の意味をわかっていないようです。人格は数字で測ったり、数字で比較するものではありません。人格は数字で語ることができないことはわかっていながら、「数字が人格だ」という背景には、競争させることによって量的拡大を至上命題にする意図が強烈にうかがえます。

銀行において、業績至上主義に徹して、数字に厳しい上司でも、「数字が人格だ」と言い切る人はまずいないと思います。しかし、銀行の業績考課・人事評価も成果主義に基づく目標管理制度を取り入れ、結果を重視する評価体系であることから、評価されたい＝昇給・昇格を強く望む人のなかに手段は問わない人が出てくるのです。

成果主義は数的目標の達成率等を相対的に評価することから、競争意識を過度に刺激し、その意識が数的目標達成を唯一絶対的目的にした行動に走らせます。そのとき、競争に勝つために見せかけの数字づくりが行われることもあります。このような実態があることから、「結果はウソをいうときがあるが、プロセスはウソをいわない」という言葉があるのだと思います。

結果の数字はウソ（トゥフター）で飾られた可能性があることをわかっていながらも「結果が

すべて」という人は、筆者にいわせれば「頭のなかは空っぽ」としかいいようがありません。要するに考えることをしない、考えることができない人だと思います。このような考え方をもつ人の多くは、コンプライアンス意識は低く、「明らかに法に違反していなければ何をやっても構わない」「見つからないようにうまくやれ」という発想になるのです。

2 筆者は「結果がすべて」という考え方は間違っていると思います。それは中国の現代史をみればわかります。中国の指導者であった鄧小平は、一九六二年に中国共産党の会議で「黒い猫も白い猫も鼠を捕る猫は良い猫だ」と言いました。中国が経済発展をするためには、「資本主義のやり方でも構わない」「非合法であれば合法化すればよい」、すなわち手段・方法は問わない、結果を重視する、として経済社会発展の加速化を進めました。その結果、いまや中国のGDPは世界二位の規模にまで拡大しました。一方、その代償として、いまの中国はひどい環境汚染にさらされ、政治は汚職が蔓延し腐敗しています。それは、黒猫白猫論＝「結果がすべて」という価値観が社会に染みつき、「幸せになった人間が良い人間だ」「騙されたほうが悪い」という考え方が広まっています。政治家は、共産党本部からの指令ノルマを達成することが良い政治家であるという価値観に立ち、人民の意向を無視してまでノルマ達成に走っています。学校教育の現場では、まともなことを教えても外の社会が悪しき環境にあり、黒猫白猫論の呪縛から解放されない悩みがあるようです。すなわち、中国では、黒猫白猫論による「結果がすべて」という政策で経

済発展しましたが、弊害として利己的行動をとる人間が増え、協調性や道徳性に欠ける社会になったのです。

企業社会においても、結果を出すこと＝数値目標の達成だけを唯一の目的にすると、自分の欲望が先に立ち、行内の人間関係や対顧客との関係において好ましくない状況をつくりだす可能性が生じます。また、意図的な数字づくりの手段はコンプライアンスに抵触する懸念も生じます。

このようにしてまで数値目標にこだわる人たちは、「銀行のため、支店のため」といって、自己正当化を主張します。しかし、筆者はそのような言い分を信じません。そのような人たちは、明らかに自分の保身のために見栄をはってまで評価を得たいがために行っているにすぎないと思っています。「ボーナスは自分に、リスクは銀行に」という誤った考え方に成り下がり、自分を虚飾する行為を「銀行のため」とうそぶくことは自己欺瞞も甚だしいと思います。

3　元巨人軍選手張本勲氏は著書『最強打撃力』（二〇〇八年、ベースボールマガジン社新書）で「バットマンは数字で人格が決まる」と書いています。打者の打撃実績にウソはありません。打率・打点・ホームラン数に粉飾はありえません。野球に限らず、相撲でもサッカーでも、スポーツの世界では「結果がすべて」であり、結果により地位や年俸等の処遇に大きく影響します。

ここで考えるべきポイントは、スポーツの世界で「結果がすべて」といえるのは、良い結果を出すことが目的であるから、目的＝目標と置き換えることができるからです。優勝する・勝つこ

とを目的にしているとき、目標も優勝する・勝つために求められる数的パフォーマンスであることは自明です。しかし、スポーツの社会でも、結果を求めるあまり、ドーピングや反則は許されません。結果を求める世界でも、やっていいこととといけないことがあるのです。

経済社会・企業社会においては、前述したとおり、目的と目標の違いがあり、また銀行において目標を達成するには銀行員一人の行動だけではなく、顧客を相手にして、組織の信用を背景にして、業務を遂行しなければいけません。利己的な行動の結果、数字で結果を残すことができても、信用と信頼を失うような行動の結果＝プロセスにおいてやってはいけないことをやっての数字では意味がありません。

イチロー選手は次のように言っています。「本当の力が備わっていないと思われる状況で何かを成し遂げたときの気持ちと、しっかり力を蓄えて結果を出したときの気持ちは違う」と。すなわち、たまたま運良く数字に結びついたからといって、それを自分の力・能力によるものだと思い違いし、慢心して有頂天になるなということです。

第2項　「プロセスが重要」という考え

1　前項において、筆者は「結果がすべて」という考えは間違っていると書きました。次に、「プロセスが重要」という考えについて考えてみます。

「結果がすべて」という言葉は、結果に優劣が生じた場合、数字的に勝っている結果のほうを評価するというものですが、もし結果が同じ場合、同じ評価にするか、それともプロセスをみて優劣をつけるべきか〜どちらでしょうか。

中国の「荘子」に次のような故事があります。

「下男と下女の二人が羊の世話をしていたが、羊が逃げていなくなった。
下男に何をしていたのかと聞いたら、本を読んでいたという答。
下女に何をしていたのかと聞いたら、博打をしていたという答。
下男は良いことをしていて、下女は悪いことをしていたが、羊を逃がしたという結果は同じである。」

この故事を読み、結果が同じであれば、プロセスは問わない＝「結果がすべて」と考えるべきでしょうか。それとも、羊が逃げたという同じ結果でも、本を読んでいるほうが、博打をしていることより良いと判断し、下女より下男のほうを評価する＝プロセスが重要であると考えるべきでしょうか。もしプロセスが重要であると考えるならば、どの程度重要であるということができるのでしょう。また、結果が同じなのに低く評価される下女は納得するでしょうか。

この問いかけを、銀行を舞台にして考えてみてください。A君とB君とC君の三人の成果（数的増加額・達成率）はまったく同じでした。A君は顧客と環境要因に恵まれたため、本人は努力

しないでもこの成果をあげることができました。B君は、マイナス要因をカバーしたうえ、細かい努力を積み重ねてこの成果をあげることができました。C君の成果は、恥ずかしい行為による数字づくりでこの成果になりました。

さて、あなたが評定者であるとき、「結果がすべて」という考えで、結果が同じであれば、プロセスは問わずに三人とも同じ評価にしますか。それとも、同じ結果ですが、本人の努力と仕振りを比較して、B君を最も評価し、C君を最も評価しないとしますか。

もし、結果が同じでない場合、たとえば数的目標達成率が、A君九五％、B君九〇％、C君一〇〇％であった場合、「結果がすべて」である考えでは、恥ずかしい行為による数字づくりの結果であっても、数的結果の達成率を重視して一〇〇％達成したC君に最も高い評価を与えますか。そして、C君は優秀であるという人事評価をしますか。

2 プロセスにおいてコンプライアンスに抵触するやり方で数的実績をあげたことが明らかである場合、その結果は評価されるべきではありません。コンプライアンスを経営の最重要課題としている銀行であるならば、いくら大きな数的実績をあげてもコンプライアンスに抵触するやり方を是認してはいけません。その意味では、プロセスは重要であります。コンプライアンス担当部署は、結果に至るプロセスをチェックする役目があります。結果がすべてでプロセスは重要ではないというならば、コンプライアンス担当部署は不要となります。

プロセスを重視しないということは、結果を出すためには手段・方法は問わないということです。この考え方は、明らかにコンプライアンス経営に反します。銀行が定めた、標準手続は必ず遵守しなければいけません。貸出業務においても「クレジットポリシー（与信規程）」を遵守しなければいけません。標準手続や諸規程に抵触する行為で結果を出しても、それは評価に値しません。

銀行業務を遂行するに際して、プロセスは重要です。しかし、プロセスが正しくても結果が伴わないことがあります。真面目に誠実に一生懸命努力しても、成果に結びつかないことがあります。一方、棚からぼた餅が落ちてくるような、本人の努力なしに成果に結びつくこともあります。また、コンプライアンスに抵触するやり方だと知りながらもバレなければ構わないという考えで、結果を求める人もいます。筆者は、このようなとき、問われるものは銀行員としての矜持であると思います。それは、人間としての道徳倫理観の問題であり、その人の人格・品性の問題であると考えます。

結果が数字で表されても、数字には目ではみえない顔があることを知るべきです。目にみえる数字は表面であって、その後ろにあって目にみえない顔というのは、この結果を出した人の心です。『星の王子さま』（一九七〇年、岩波書店）にはこう書かれています。「目では、なにも見えないよ。心でさがさないとね」（同書一一〇頁）、「たいせつなことはね、目には見えないんだよ

……」（同書一一九頁）

3　人は地位・名誉・金銭的富などを求めるとき、「ああしたい、こうしたい」と思う一方、「ああしてはいけない、こうすべきだ」という声が自分のなかに湧き上がるはずです。その声は、欲に溺れて間違ったことをしようものなら、他人からだけではなく自分自身を厳しく責めることになります。「ああすべきではなかった、こうすべきであった」という、良心の呵責に責められます。そのような声は、上司から出てくる前に自分の心のなかから湧き出てくるのです。

カントは、そのような内なる声のことを道徳律と呼びました。「ああしたい、こうしたい」という欲求とは素性の違う「義務の声」（＝良心の声）のことを道徳律と言いました。そして、次のように言っています。「汝の意志の格率（個人的ルール）が、常に同時に普遍的立法の原理（普遍的な法則の原理）となるように行動せよ」この意味は、「自分の行動ルールがすべての人にも通用する普遍的な法則となるように行動せよ」ということです。すなわち、自分勝手な行動ではなく、だれからも認められる行動であるべきということを言っています。

カントの考え方を引用すれば、結果に至るプロセスは自分勝手な行動ではなく、だれからも認められる行動であるべきということになります。それが普遍的な法則となるようにしなければいけないということは、プロセスは重要であるということにほかなりません。

カントは、「目的のためには手段は問わない」と言う人に対し「彼を嘲笑するか、嫌悪の念を

もって彼から顔を背ける」と言ったと伝えられています。また、恥ずかしく、良くない行為をして出した結果でも、それが自分の幸福に合致すると考える人に対して、「常識で考えてもおかしい行為と映る」と言ったそうです。

筆者は、「結果がすべて」「プロセスは重要ではない」という考え方の人に、カント倫理学を勉強することを勧めます。

第4節 結果とプロセスのどちらが重要か

1 筆者は前節第1項で、「結果がすべて」という考えは間違っていると書きました。しかし、「結果は重要ではない」とは言っていません。前節第2項で、「プロセスは重要」と書きましたが、「プロセスがすべて」とは言っていません。「結果がよければプロセスは問わない」「プロセスが正しければ結果が伴わなくても仕方ない」とも言っていません。

「結果とプロセスとどちらが重要か」というテーマで議論されることがあります。結果のほうが重要であるという人は、「努力はだれでもしている。結果が大事」「プロセスが良くても、結果が伴わなければ意味がない」「プロセスを自慢しても、結果が出なければ評価されない」と言い

ます。

プロセスのほうが重要であるという人は、「結果が出なくても、プロセスは次に活かすことができる」「結果だけを追いかける人は、間違った手段に手を出すこともある」と言います。

「勝てば官軍、負ければ賊軍」の言葉の意味について、『広辞苑』は「戦いは、道理にあわなくても勝てば正義で、道理にあっていても負ければ不正なものとされること」と書いています。「道理にあわなくても」ということはプロセスは重視していないという意味にとれます。しかし、これは「戦い」の場のことを言っているのであり、ビジネスの成果の優劣を戦いの勝ち負けで語ることとは違いがあります。「勝ち方が問題だ」「何をもって勝ちとするかが問題」というのは、結果を出せなかった者の言い訳かもしれません。また、「勝って、成果を出してナンボ」という意見をいう人もいて、この種の議論に意見はさまざまです。

「結果とプロセスのどちらが重要か」という命題における議論を一般的にみた場合、プロセスを重視する意見より、結果をより重視する人のほうが多いように思います。しかし、このテーマで議論するとき、ディベートで相手を負かせる議論を行う必要はありません。

結論から言えば、結果もプロセスもどちらも大事であるということになります。要は、結果とプロセスは車の両輪であって、どちらを欠いても正しく前を向いて進むことはできません。

このテーマにおける主な意見は次のように整理されると考えられます。

・プロセスは結果を出す過程であり、結果はプロセスの後工程である。
・結果を過剰に意識すると、プロセスを軽視するようになる。
・結果を過剰に意識すると、利己的行動に走る懸念がある。
・プロセスに全力を尽くせば、結果が伴わない場合でも自分に納得する。
・プロセスに全力を尽くすことは、能力の向上に資することになる。
・結果を出さなければ、喜びや生きがいを感じることはできない。

この問題について、イチロー選手は次のような含蓄ある言葉を言っています。「結果とプロセスは優劣つけられるものではない。結果が大事であるというのは、この世界（プロ野球）で無視してはいけない。野球を続けるのに必要だから。プロセスが必要なのは野球選手としてではなく、人間をつくるうえで必要と思う」と。

まさに、イチロー選手の言葉はそのとおりであると思う一方、組織と個人という問題を勘案してみると、次のようなことが言えるかもしれません。それは、「結果とプロセスとどちらが重要か」という問いかけをする相手によって答が異なるということです。経営者・支店長等の管理職者は結果を強く求め、若手行員には、教育的見地からしてもプロセスの重要性を強く教えることが大事になると思います。すなわち、プロセスの当事者であると同時に結果を出そうとしている人の、ポジションに与えられた課題が何であるかによって、答が異なってしかるべきかもしれま

せん。ですから、「結果がすべて」という支店長と、「プロセスが重要」という若手行員がいるのだと思います。

ちなみに、筆者が支店長のとき、部下には次のように言ってきました。

「勝利を志向しないスポーツはレジャーであるように、収益をあげない経営には価値がない。同様に、目標をもたない個人・集団も価値がない。大切なことは、ルールを守って、目標に向かって精一杯の努力をすることである」

2　経営において「PDCAサイクル」という言葉がよく使われます。Plan（計画）→Do（実施・実行）→Check（点検・評価）→Act（処置・改善）の四段階を繰り返すことで、業務を継続的に改善し、目的に向かう手法です。このサイクルで重要なポイントは、Act（処置・改善）として見直すべき対象は、Do（実行＝プロセス）とCheck（評価＝結論）だけでなく、Plan（計画＝目標）の妥当性にも及ぶと考えることです。

「結果とプロセスとどちらが重要か」という設問の趣旨は、評価する場合、どちらに重点を置くべきかという視点の問題とみたとき、評価するべきは、結果とプロセスだけでよいのであろうかと疑問が生じます。結果とプロセスだけでなく、計画＝目標設定も重要であるとみなければいけないと思います。

銀行の人事評価制度は成果主義の考え方を柱にして、まず結果に目が行きがちです。プロセス

に少しばかり目が行くことがあっても、さらに遡って目標の妥当性にまで目が届いているとは思えません。本部が策定する目標設定が方向違いで現実的でない数値であるとき、現場はプロセスにおいてとるべき手段を間違えたり、努力の方向性を間違えて、結果を伴わないことになります。

筆者が考えるに、結果が良くない＝目標に未達であるのは、プロセスの問題だけでなく、目標の妥当性に問題があることもありうると思います。しかし、目標に問題があると意見したり、目標設定した本部や上司の責任を追及することはまずありません。結局は、目標値の妥当性や目標値設定の責任はあいまいにされ、プロセスに目が向けられ、結果に対する責任だけが残ります。

筆者は、「結果とプロセスとどちらが重要か」という設問で議論する前に、その前段階のPlan（計画）＝目標設定が、妥当で適正であることが重要であると考えます。Plan（計画）＝目標設定が現場と現実を正確に把握できていないのに、Do（実行）に際してはPlan（計画）＝目標値を丸投げして「頑張れ」「何とかしろ」というだけではダメです。

第5節 評価制度について

第1項 〈事例研究〉

筆者が「貸出担当者の人材育成」をテーマにして、支店長等管理職者宛研修を行うとき、以下の事例を示し、受講者の考えを聞くことにしています。

以下に、その事例を書きます。あなたが支店長等管理職者である場合、「人事考課の評定者として、自分だったらこのように評価の順位をつける」という意識で読み、評価の順番（一位→五位）をつけてください。あなたが評価される立場である場合は、「このように評価されれば納得する」という目線で読み、自分なりに順位をつけてみてください。

〈事例〉

以下五名の貸出担当者の実績を読み、評価が高い順に並べてみてください。

① 業績好調なメーカーX社は新工場をつくるための設備投資計画をまとめ、A君宛てに五〇〇〇万円の借入申出をもってきました。A君の努力はゼロですが、棚からぼた餅で五〇〇〇万円の貸出増加実績となりました。

② B君は、地元優良企業Y社が新工場を建設するとの情報を前広に聞き出し、粘り強い交渉を重ね、長年最下位の付合取引であったのに三〇〇〇万円の貸出の取込みに成功しました。

③ C君は、上場大手家電メーカーZ社の二次下請けとして部品をつくっている中小企業を担当しています。Z社の業績が悪化して赤字になるというニュースを聞き、いずれ二次下請け業者にもその影響が及ぶと考えて債権保全を図るため、裸与信二〇〇〇万円に対する引当交渉を続けています。

④ D君は、担当先W社の財務分析を行った結果、粉飾を発見しました。引当交渉を行いましたがうまくいかず、結局、他行への肩代わりに誘導して、既存貸出三〇〇〇万円の全額を返済させるに至りました。W社はその一年後に倒産しましたが、損失は回避できました。

⑤ E君は、主力銀行の貸出金額七〇〇〇万円の全額肩代わりに成功しました。しかし、半年後の決算をみたら大赤字、かつ過去の決算も粉飾であったことが判明しました。自己査定では要注意先に区分しました。

この事例研究は地銀等ですでに数十回行っています。その結果の概要は、どの銀行においても「最も評価する」として一位にあげられるのはB君かD君で、この両名を一位とする人の人数は拮抗しています。そして、「最も評価しない」という五位は圧倒的にE君が多く、次にA君があげられます。その割合はE君が約八割、残り二割はA君という意見になります。

あなたの意見はいかがですか。支店長等管理職者のほとんどの人も、上記結果になったのではないでしょうか。

この事例研究をこの数年間に数十回行ったなかで、某地銀ただ一行だけ、上記結果とまったく異なる結論でした。その銀行の支店長の八割の人が、「最も評価するのはE君」という答でした。E君を一位とする意見は、後にも先にもその一行だけです。さてなぜ、その銀行の支店長はそのように考えたのでしょうか。その理由をあなたも考えてみてください。そこに重要なポイントがあります。

ここで、上記事例を読んだあなたに、あらためて質問いたします。B君またはD君を「最も評価する」としたあなたは、実際に実績考課・人事評価を行うとき、本当に、B君やD君が行ったことを実績として評価していますか。この事例においてB君やD君を評価していながら、実際に現場で評価する場面では「最も評価しない」としたE君を評価しているのではないですか。次項に、筆者の講義する内容を書きましたが、それを読み始める前に、心に手を当ててよく考えてみてください。

第2項 〈事例研究〉に関する筆者の講義

1 まず、某地銀の支店長研修において、支店長の八割の人が「最も評価するのはE君」と考え

た理由はどこにあるかを説明します。それは、E君が最も大きい金額で貸出を伸ばしたからです。

上記事例において、貸出金額の増減額を順番に並べると、一位：E君の七〇〇〇万円、二位：A君の五〇〇〇万円、三位：B君の三〇〇〇万円、四位：C君の増減なし、五位：D君のマイナス三〇〇〇万円となります。そこで、某地銀の支店長たちは、「金額ベースで最も大きい実績をあげたE君」を一位にしたのです。

このように説明すると、多くの銀行において異論が出ます。「いくら数字が大きくても、大赤字の粉飾決算で要注意先になった先への貸出を評価するのはおかしい」と。あなたもそのように思っているのではないでしょうか。

しかし、E君を一位に評価する某地銀の支店長たちは、次のように言いました。「大赤字の粉飾決算という事実は、肩代わりを行ってから半年後の決算をみて判明したと書いてある。実績考課・人事評価は半期ごとに行うので、七〇〇〇万円の数字を伸ばした期に大赤字・粉飾決算はみえていなかった。ならば、いちばん大きな数字を伸ばしたE君が最も評価されるのは当然です」

某地銀の支店長が言うように、実績考課・人事評価はどの銀行も半期ごとに行っています。そういう観点から、事例をもう一度読み直してみてください。

D君を一位にした人は、その理由を、「リスク管理を行い、倒産による損失を未然に防いだ」と考えたと思いますが、倒産は貸出金を回収した一年後に起きています。ということは、実績考

課・人事評価する当該期における事実は、債権管理を行い貸出返済させたことであって、W社は倒産していません。D君を評価するということは、債権保全のための手を打ったということで評価しているということですが、実際にそのようなことを大きく評価していますか。もし、貸出金を回収した後、半年・一年経ってもW社が倒産しなかった場合、債権保全のために残高を減らしたことの評価を見直すことは行うのでしょうか。

A君については、本人の努力はみられないということで評価しないならば、五〇〇〇万円の貸出金が増加した事実について評価する該当者はいないということでいいのでしょうか。X社がこの貸出案件を当行にもってきた理由がA君の前任者に対する信頼であったならば、実質的な功労者でありながら現場所にいないということで前任者を評価しなくてよいのでしょうか。

このように考えると、貸出業務の成果を半年ごとに区切って数字だけをみて評価するというやり方に疑問をもつと思います。貸出業務の本当の成果は半年間の数字の増減だけではわかりません。貸出業務の成果をどの時点で評価することが妥当であるか、あるいは時間軸を遡って評価し直すということも考えなくてはいけないのではないでしょうか。

2　この事例研究を行った結果の概要については、「最も評価する」がB君とD君が多く、「最も評価しない」はE君だったということはすでに書きました。筆者もその考え方に賛成します。ところが、実績考課・人事評価は半期ごとに行われることから、実際の評価は某地銀の支店長が話

したように半年間における数字競争の結果が優先され、質的成果が当該期に現れない場合、質的成果は数的成果と比べられることなく評価されないのが実態ではないでしょうか。

このような仕組みを知って悪巧みをする人がいます。期初に目標数値の割振りを受ける際、自分のところへ数値目標が大きく来ないように、目標値を低く設定してもらうために、来期のプラス材料を意図的に隠す一方、約弁等の返済が多いことを強調する人がいます。目標を達成しやすくするために目標値を下げ、自分だけが目標を達成すればよいと考えている人がいます。

筆者の経験からも、上記のように自己主張する者がいます。そして、割振りの話合いが暗礁に乗り上がりそうになると、「残りは、私が引き受けます」と言う者が出てきます。目標数値が大きくならないように抵抗した者が言ったもん勝ちという状況になり、正直者が馬鹿をみるということになりかねません。

また、転勤間際の人や、期末近くの時期は、「逃げ得」「やり得」といわれる数字づくりに走る人が出てきます。そのねらいは、場所や期が変われば、数字の実態がバレる前に、数字だけが評価されることを知っているからです。そのような実態は、成果主義で結果重視する評価体系の問題点であり、公平・公正な評価とは言いがたいと思います。

第3項　人事評価制度のあり方

1　銀行の財産は人であり、人材の育成が重要であると第3章で述べました。ここでは、公平な処遇をするための評価制度について考えたいと思います。

あらためて言うまでもなく、行員は公平に処遇されたいという欲求があります。昇給、昇格は何によって決められるのかというところにはだれもが関心をもち、これらの処遇を公平に運用するためには、納得性のある人事評価制度が必要とされ、それが正しく運用されることで、銀行員のモチベーションは維持されるのです。

第2節第2項で、多くの銀行員が目標管理制度を人事評価制度とイコールと認識しているということを指摘し、その運用の実態は、目標管理制度のもとでは結果が重視され、その結果が相対評価され、それによって人事評価が行われ、それが昇格や昇給、ボーナスの査定に影響することを皆は知っていると書きました。

従来型の人事評価制度は、人と人を比較して、どちらが良くてどちらが劣るという相対評価を行い、必ず差をつけることになっています。このような相対評価による人事評価制度では、同じ能力をもち、同じ成績をあげた者であっても、能力が高い行員が集まっている場所において評価は低くなりがちとなり、優れた能力をもつ行員が少ない場所では良い評価を得やすいということ

もありえます。また、前項で書いたような目標の割付けから不公平感が生じることもあります。さらに、事例でも取り上げましたが、量的成果と質的成果をどのようにみるか、貸出業務における成果は半年という期間で測ることができるのか、等々の問題があります。

筆者は、目標管理は人事評価のツールではないと考えます。大事なことは、人的資産価値の向上のために人事評価制度を活用することです。能力格差をつけて能力レベルの序列（順番）をつくるための人事評価制度ではなく、むしろ格差を埋めることを目的とした制度にしなければいけないと思います。人事評価制度は、人材育成、教育指導の問題と密接にリンクさせるべきと考えます。たとえば、能力や成果が不十分であると認められる者に対して、その格差を埋めるためのモチベーションにつなげて、人材の活用を図るべきと考えます。第3章で、「人材」から「人財」へという考え方を書きました。同様に、「人在」「人罪」という行員を「人材」に戻し、「人財」にまで引き上げることを目的にする人事評価制度をつくることも大事であると考えます。

2 現在の人事評価制度は目標管理制度と一体となり、その根底には成果主義の考え方で構成されています。それは、実績・成果を数字で表し、目標値と対比して数字の多寡・達成率で順位をつける方法かと思います。この評価制度は、実績・成果の評定に重点が置かれ、能力評価は補完的に位置づけられています。

しかし、評定される実績・成果は半年間という限定された期間に現れたものにすぎず、これだ

けを重視して人事評価を行うことはきわめて危険であると思います。事例で示したように、貸出業務における成果は半年後、一年後に現れることもあります。また、質的な成果は数字に表れません。

人事評価の本来の目的は、実績・成果を評定することではなく、行員個人の能力を評定するほうに重点を置くべきではないでしょうか。現在の担当業務の遂行能力だけでなく、担当外の業務遂行能力を含めて、銀行が必要とする個人の潜在能力までを把握する評定こそが、人的資産の棚卸しになるのではないでしょうか。

これからの人事評価制度は、目標管理制度と切り離し、能力を中心にして、現行業務における実績・成果は補完的に位置づける体系が必要であると考えます。

第6章

銀行ルネサンス

第1項　心を変える

1　日本航空（ＪＡＬ）は、二〇一〇年一月に会社更生法の適用を行い、倒産しました。しかし、二〇一二年九月に再上場しました。会社更生法申請から三年も経たずして復活したのです。その再生は奇跡的といわれましたが、奇跡や魔法で再生したわけではありません。社員の一人ひとりの心に変化が生じ、意識改革・行動改革が行われたことで、会社全体（組織）を動かして再生できたのです。

ＪＡＬ社員の意識改革を行うため、同社は「ＪＡＬフィロソフィー手帳」をつくり、全社員に配付しました。それは二部構成で四〇項目が書き記されています。同手帳の第１部は人生の心構えなど、第2部は仕事に対する考え方や姿勢について書かれています。同社は経営再建に際して「ＪＡＬフィロソフィー教育」を行い、壁に突き当たったときはＪＡＬフィロソフィーに立ち戻り、手帳に書かれていることと照らし合わせ、あらためて考えて問題解決を図ったそうです。ＪＡＬフィロソフィーの作成にあたっては、稲盛和夫氏の考え方（同氏の著述内容と京セラフィロソフィーを参考にした由）が中心に据えられたものであることは論をまたないと思います。

筆者は、銀行の再生＝ルネサンスにおいて、この「ＪＡＬフィロソフィー」をまねて「銀行フィロソフィー」をつくってみました。ほとんどはＪＡＬフィロソフィー（注）に書かれている

ことをそのまま引用し、ごく一部だけを書き換えました（下線箇所）。

（注）原英次郎著『心は変えられる』（二〇一三年、ダイヤモンド社）三三頁

銀行員が、自分が勤める銀行の現状を直視し、また自分自身の銀行員としての生き方を省みて、意識改革・行動改革の必要性を感じた場合、この「銀行フィロソフィー」を読み、日々の業務遂行をより良い方向に向けてほしいと願うものです。

人は、そう簡単には変わることができないといわれます。しかし、真面目に強い意志をもてば変わることができます。ＪＡＬ社員も変わったのですから。

ここで、元巨人軍の松井秀喜が座右の銘としている言葉を紹介します。もともとはヒンズー教の教えにある言葉だということですが、「心を変える」ことで何が変わるのか……。

心が変われば、態度が変わる。
態度が変われば、行動が変わる。
行動が変われば、習慣が変わる。
習慣が変われば、人格が変わる。
人格が変われば、運命が変わる。
運命が変われば、人生が変わる。

自分の心を変えるためには、まず考え方を変える＝意識改革が必要であると思います。

2　「銀行フィロソフィー40項目」(次頁)

これを読むと、当たり前のことが書かれているように思うでしょう。しかし、もう一度、一つずつ、その意味することは何かを考え、現実の場面に照らし合わせて精読してみてください。ここに書かれたことを当たり前だと思ったものの、実は当たり前にできていない自分に気づくはずです。

たとえば、「正しい考え方をもつ」と書いてありますが、「正しい考え方」とは何か～ということさえ考えたことがないのではないでしょうか。「人間として何が正しいかで判断する」ということを意識していますか。第2章で問題提起した「早割り・早貸し」「貸込み」について、「人間として何が正しいか」という視点で判断したらどうなりますか？　業務遂行に必要とする知識をまだ十分にもっていないあなたは「地味な努力を積み重ねる」ことで勉強をしていますか？　会議・打合せに「本音でぶつかれ」で臨んでいますか？

フィロソフィーに書いた項目は、たしかに当たり前と思われることばかりです。しかし、当たり前と思っている意識は、頭のなかだけにある考えであって、実際の場面における発言や行動するときにはそれを忘れているのが実態ではないでしょうか。「本当に当たり前のようにできているか」と自問自答してみてください。

3　フィロソフィーの最初に、成功方程式(人生・仕事の方程式)が掲げられています。それ

銀行フィロソフィー40項目

第1部
すばらしい人生を送るために

第1章　成功方程式（人生・仕事の方程式）

・人生・仕事の結果＝考え方×熱意×能力

第2章　正しい考え方をもつ

・人間として何が正しいかで判断する
・美しい心をもつ
・常に謙虚に素直な心で
・常に明るく前向きに
・小善は大悪に似たり、大善は非情に似たり
・土俵の真ん中で相撲をとる
・ものごとをシンプルにとらえる
・対極をあわせもつ

第3章　熱意をもって地味な努力を続ける

・真面目に一生懸命仕事に打ち込む
・地味な努力を積み重ねる
・有意注意で仕事にあたる
・自ら燃える
・パーフェクトを目指す

第4章　能力は必ず進歩する

・能力は必ず進歩する

第2部
すばらしい銀行となるために

第1章　一人ひとりが銀行

・一人ひとりが銀行
・本音でぶつかれ
・率先垂範する
・渦の中心になれ
・大切なお金をお預かりして運用する仕事
・感謝の気持ちをもつ
・お客様の視点を貫く

第2章　採算意識を高める

・健全な貸出資産を伸ばし、コスト意識をもつ
・採算意識を高める
・公明正大に利益を追求する
・正しい数字をもとに経営を行う

第3章　心をひとつにする

・最高のバトンタッチ
・ベクトルを合わせる
・現場主義に徹する
・実力主義に徹する

第4章　燃える集団になる

・強い持続した願望をもつ
・成功するまであきらめない
・有言実行でことにあたる
・真の勇気をもつ

第5章　常に創造する

・昨日よりは今日、今日よりは明日
・楽観的に構想し、悲観的に計画し、楽観的に実行する
・見えてくるまで考え抜く
・スピード感をもって決断し行動する
・果敢に挑戦する
・高い目標をもつ

は、「人生・仕事の結果＝考え方×熱意×能力」という式で示されています。これは稲盛和夫氏の生き方の根底を成す考え方です。

この式のポイントは掛け算であることです。すなわち、考え方・熱意・能力のどれか一つでもマイナスであると結果がマイナスになるということです。たとえば、熱意と能力が一〇点でも、考え方がマイナス一〇点であるとき、足し算であれば、10＋10－10＝10点となりますが、掛け算ではマイナス一〇〇〇となります。

人生において、仕事において、最も重要なことは「考え方」であるということを理解しなければいけません。フィロソフィーの第1部第2章には「正しい考え方をもつ」として、第一に「人間として何が正しいかで判断する」とあります。まさに、銀行員として生きていくとき、業務に携わるとき、判断の基準となる大本はこれであると考えます。

顧客が望まないこと、顧客が損すること、そこまでして目標を達成する、評価されたい、ということは銀行員としての生き方を問う前に、人間として正しいことだろうか、と考えてみてください。

第2項　小さいことから始める

1　筆者が貸出業務に関する研修において、正しい考え方を講義するとき、若手行員の多くの反

応は、「頭では理解するが、現場で実践することは困難」「それは理想論で現実に実行することはむずかしい」と言います。まさにこのことが、銀行にはルネサンスが必要であると感じた筆者の原点です。

本部が掲げる施策や目標数値、あるいは支店長の指示・命令は、中世ヨーロッパにおけるキリスト教的世界観のごとく、批判することは許されない雰囲気であり、改革・改善することができないもどかしさがあるということです。また、現場（支店）は軍隊的組織のようで、新しい考え方を言うことさえはばかる雰囲気があります。プロローグ1や、第2章第1節第1項で紹介した支店長の発言をみれば、そのような実態があることは明らかです。

要するに、若い人たちは、現行の体制や考え方に疑問をもっても、それを変えることができないという無力感に支配され、言われたことを言われたとおりにやるしかないという雰囲気が実態ではないかと思います。そういう問題意識は決して若い人たちだけではありません。支店長を相手にした研修においても、同じように思っている支店長が多くいます。

筆者の研修を受けた若い人のアンケートには、「こういう研修は支店長にもやってほしい」と意見が書かれ、支店長研修を行うと、支店長もアンケートに「こういう話は役員に聞かせたい」と書く人がいます。

このような現状を改革するためにはどうしたらよいでしょうか。筆者は拙著『貸出業務の王

道』（二〇一一年、金融財政事情研究会）において次のように書きました。

「本来であれば、聡明な役員や経営職階の立場におられる方々が先頭に立ち、銀行が現在行っている貸出業務を改革することを期待したいところです。そのような気配と風が感じられない銀行においては、自行の「再生」を目指し改革意欲を持つ者たちに向かって「さあ立ち上がれ」といいたいのですが、そのようにけしかけるような言葉を書くと、銀行が最も嫌う政治活動的発言ととらえられかねません。銀行員という職業につく人たちの習性を知る筆者としては、改革派の有志が集団で声をあげることは期待していません。またそのような革命的な行動を求めるものでもありませんし、筆者がそれをけしかけたところで、そのような行動をとる者は少ないでしょう。多くの銀行員は銀行内における評価の価値尺度を意識して、ローマ教会の天動説（本部施策）に対して地動説（異論）を唱えると、処刑される（人事的不利益を被る）という呪縛にかかっていて、そのような勇気ある（無謀な）行動をとる人は少ないということを筆者は知っております。ガリレオも、地動説の主張を曲げないと、ローマ教会から処刑されるので、それを恐れて自説を取り下げました。」

2 筆者が考える「銀行ルネサンス」は、銀行員の一人ひとりが、「小さいことから始める」ことが重要な第一歩になると考えます。そのために研修では次の二つの話をします。

○「北京で蝶が羽ばたくと、ニューヨークにハリケーンが起きる」

中国の北京で一匹（一頭）の蝶が飛ぶと、周りの蝶も一緒に羽ばたき、それが大きく広がって、ついにはニューヨークにハリケーンを起こす……という話です。

これは「カオスの理論」における「バタフライ効果」といわれるたとえ話で、きわめて小さな差が無視できないほど大きな差を生む現象を指すものです。

元三重県知事の北川正恭氏が「地方から日本を変える」というテーマでこの話を引用して広まりました。同氏は、政党の政権公約としてマニフェストを掲げることを提唱し、これはいまや定着しています。すなわち、一人の地方県知事の発言によって、いまや選挙時にすべての政党がマニフェストを掲げるようになりました。

若手行員は、銀行における経験が浅いからとか、一支店にいる係員の立場では……ということで、何を言っても・何をやっても無駄だと考える人が多くいます。結果を求めることをイメージするも、成果につながらないことを予想して、何も行わないようではいけません。

こういうとき、前記「銀行フィロソフィー」に照らし合わせてみてください。「地味な努力を続ける」「一人ひとりが銀行」「成功するまであきらめない」ということが書いてあるではないですか。

自分が「北京の蝶」として最初に羽ばたくことを始めてください。それが正しいこと、有意なことであれば、一緒に羽ばたく蝶が増え、ニューヨークより近いところの本部や支店長を動かす

ことになります。

○「積小為大《せきしょういだい》」

これは、二宮尊徳の言葉です。この意味は、「こつこつやり続けることが、やがて大きなものとなり、成果を生む」ということです。

二宮尊徳の門人である福住正兄《ふくずみまさえ》が著した「二宮翁夜話」（『日本思想大系52』一九七三年、岩波書店）には次のように記されています。

「翁曰、大事をなさんと欲せば、小《ちい》さなる事を、怠らず勤しむべし、小積りて大となればなり、凡《およそ》小人の常、大なる事を欲して、小さなる事を怠り。出来難き事を憂ひて、出来易き事を勤めず、夫故《それゆえ》、終に大なる事をなす事あたはず、夫《それ》大は小の積んで大となる事を知らぬ故なり、譬《たとえ》ば百万石の米と雖も、粒の大なるにあらず、万町の田を耕すも、其業《そのわざ》は一鍬づつの功にあり、千里の道も一歩づつ歩みて至る、山を作るも一簣《もっこ》（注）の土よりなる事を明かに弁《わきま》えて、励精小さなる事に勤めば、大なる事必なるべし、小さなる事を忽《ゆるがせ》にする者、大なる事は必《かならず》出来ぬものなり」（同書一二八～一二九頁）

（注）「簣」：あじか。土を運ぶのに用いる竹かご。

現状について愚痴と不満を言うだけでなく、夢をみるだけでなく、「ああなりたい・こうしたい」と想うだけではなく、自分にできる小さなことから始めることが大事であるということに気

づかせてくれる言葉です。気ばかりはやって速成を願ってはならないという教えだと思います。

一支店にいる小さな存在であっても、与えられた仕事に真面目に、真剣に取り組み、そのために一生懸命に勉強し、お客様には誠実に接することを、地道に行うことが始まりです。小さな努力を積み重ねていくなかに、仕事の本質がみえるようになり、いままでみえなかった何かが心の眼でみえるようになるのです。しっかり勉強して、真面目に仕事に取り組んでこそ、その人が話す言葉が信頼され、重みをもつことになります。基礎を積み上げる実績が信用の原点になり、そのような人の仕事ぶりは必ずどこかでだれかがみています。

第3項　先人に学ぶ

時代の変化は早く、銀行の業務内容も大きく変わってきました。しかし、「不易流行」という言葉の「不易」ということは、世の中が変化して状況が変わっても絶対に変わらないもの、変えてはいけないものがあるということを教えてくれます。

銀行における「不易」とは何か？　それは経済社会における信用秩序の維持という役割を担う存在として、「信用乃至信頼の原点に立つ」ということにほかなりません。まさに、「銀行の生命は信用にあり」（大蔵大臣・日本銀行総裁を務めた結城豊太郎の言葉）です。銀行が「不易」なることを、確固たる意志で守り続けるためには、大きな努力が必要になります。しかし、実際はどう

でしょうか。

優越的地位の濫用に当たる行為として行政処分を受けたり、反社会的勢力との関係でコンプライアンス経営が問題になるなど、いまでも銀行にかかわることが社会問題になっています。

筆者が『銀行ルネサンス』を書くきっかけは、昨今の銀行が「不易」より「流行」を重視する風潮にあるということを強く感じたからです。

とりわけ、即戦力になる人材、数字をあげるノウハウ、稼ぐことが上手な人材が期待され、そのため人材育成も促成栽培のごとく、「仏つくって魂入れず」というような実態があるように思います。即戦力になる人材は基礎ができていないため寿命は短く、年齢を重ねても指導者には不適格です。数字をあげるノウハウ・稼ぐことが上手な人材は、いまは役に立っても明日は役に立たなく陳腐化するでしょう。

「賢者は歴史に学び、愚者は経験に学ぶ」という言葉があります。この意味は、賢い人は多くの先人たちの経験や事跡を本で読むことなどで学び、それを自らの疑似体験として活かすことにより、同じ過ちを繰り返さないようにできるということです。一方、愚かな人は歴史に学ぶことをしないため、自分の経験だけしか参考にできるものがないため、未知の状況に遭遇すると判断を誤る確率が高くなるということを言っています。

筆者は、先人の考えを「銀行史」から学ぶことも大切かと思い、以下に、筆者が「銀行史」を

読み、知るところから大切であると想う箇所を転載します。先人たちの慧眼に触れ、考え方を知ることが「歴史に学ぶ」ことにつながり、また自らを省みる材料になると思います。傍線部分は筆者が読者に見逃さずに読んでもらいたいと思った箇所です。ぜひ、しっかりと精読してください。必ずや、あなたの心に響き、訴える何かが心に残るはずです。

『第一銀行史（上巻）』（第一銀行八十年史編纂室編、一九五七年）

〜巻頭「発刊によせて」：澁澤敬三（澁澤栄一の孫、第一六代日銀総裁・大蔵大臣を務める）著より

「第一銀行が明治六年にうまれてから八十回以上の誕生日を迎え、（中略）……長年月を持続且つ発展しつづけたにはそのよつて来る土台があつたからと思います。このことにつき、昭和の初期重役であられた故加納友之介さんのお言葉を拝借してこれに答えましょう。「（略）第一銀行は昔から金を貸す前に聰明な智恵を貸しこの智恵に基いて金がついていつた。大切なのは金ではなく心であつた。第一銀行はこの心を誠実と親切と知識とをもつて大切に扱いつづけた銀行である。」」

〜「序」：酒井杏之助頭取の文章からの抜粋です。

「渋沢翁は第一銀行を創立するに当つて銀行業の本質を先ず把握してかかつて居ることがわかる。翁は「銀行ノ営業ノ如キハ産業工作商売販沽ノ途ニ直接セスト雖モ凡ソ之ニ間接シテ其レト与ニ盛衰セサルナキ能ハサルハ猶影ノ形ニ随フカ如ク相待チテ離レサル者ナリ」と

言い、又頭取在任中屡々「銀行は取引先の堅実な繁栄によつてのみ繁栄する」との意味のことを繰り返して居る。〜」

『住友銀行史』（住友銀行史編纂委員、一九五五年）

〜堀田庄三頭取が全役職員に示した三つのメッセージ

「一、発展の基礎は信用にあり、信用の基礎は堅実なる経営にあり、故に発展の要諦は、堅実経営にあることを銘記し、常に経営内容の健全化に最善の努力を尽すこと。

二、堅実なる経営は、公正妥当なる運営に生る、故に業務の処理に際しては、人情の機微を掴む要あるは勿論なるも、情実になじまず、因縁に囚われず合理性に立脚すると共に、各自は品性の陶冶に努め清潔なマナーを以て気品高き行風を築くこと。

三、要は凡百の論議よりも実践にあり、故に上述の趣旨に則り、真摯なる態度と進取の気魄を以て商道に徹することこそ、繁栄の捷径《しょうけい》なるを自覚すること。」（同書三六七頁）

『三菱銀行史』（三菱銀行史編纂委員会、一九五四年）

〜明治三四年三菱合資会社銀行部長豊川良平が「銀行通信録」で述べた「銀行家と其華客」の一節

「銀行者の第一の務は常に此等顧客の愛顧に背かざるを期するにあり。即ち貸出を求むる顧客に対しては其の要求に応じ融通を与へて其便利を謀らざるべからず。唯銀行家の注意を

要するは顧客の果して信用を重んずる人なりや否や、切言すれば期限に及びて借金を返済するや否やを観破するにあり。一言以て之を掩ふ、顧客の選択を厳にする是なり。夫れ選択を用ゐざるの親切は真の親切と謂ふべからず、故に余輩は謂ふ不信用なる顧客の要求は断乎として之を斥くべし。期に至りて返さず背約以て顧みざるの客は断乎不動の利剣を之れに加へんのみと。而かも世の銀行者が果して此の心を以て其業を執りつゝあるや否やに就ては私かに惑はざるを得ず。」

以上の話を読み、あなたはそれぞれの文章のどこに何を感じ、どのようなことを考えましたか。ここにあげた先人たちの考えは、「銀行の不易なる姿」であると思います。銀行は信用を重んじ、顧客を第一に考えるという使命はいつの時代になっても不変であるべきです。

最後にもう一つ、銀行史ではありませんが、元住友銀行の役員であられた大島堅造著『一銀行家の回想』（一九六三年、日本経済新聞社）から引用させていただきます。時代背景は大きく異なりますが、いまの時代でも考えさせられる文章であると思います。

「私の心配するものは、今の銀行員諸君が、銀行業とはこんなものだ、と思い込むことだ。現状は全くアブノーマルだ。これをノーマルに戻すのが、将来のわが銀行業を背負って立つ諸君の任務であることを、心に銘記してほしい。（中略）若輩のケインズが「アダム・スミスは、アブノーマル状態は九〇年と続くことはないといった」と述べると、ノーマン・

モンタギュー英銀総裁が、この小僧何をというかとばかり、「アブノーマルが長く続けば、それはノーマルになってしまう」とたしなめた。これは名言だと思う。

私のいわんとするところは、わが国の銀行業の現状はアブノーマルであって決してノーマルではない。銀行経営者の責務は、一日も早くこれをノーマルな状態に引き戻すことにある、ということだ。」（同書三二八〜三二九頁）

預金業務より投資信託の販売に力を入れていること、貸出業務の数字づくりのために「早割り・早貸し」「貸込み」を行うこと、等々というアブノーマルなことが、銀行でノーマルな業務になってよいのでしょうか。銀行業の本質を忘れて銀行員がアブノーマルな競争を行っていて、銀行は信用・信頼される存在でいられるのでしょうか。

第4項　ルネサンス

ルネサンスは、中世のヨーロッパ人が縛られていたローマ教会が教えるキリスト教的世界観を捨て去り、新たな世界をみることから始まりました。それは、いつの間にか消えてしまった古代ギリシャ・ローマの文化の研究です。この古代ギリシャ・ローマの文化の研究のことをヒューマニズムといい、現在、「人間性の尊重」「人道主義」と訳されています。

キリスト教的な世界観から自由になることで、人生は素晴らしい、美しい、喜びにあふれるも

のとして感じられるようになり、ヨーロッパ文化が新たな展開を迎え、天才的な芸術家が多く輩出されたのがルネサンスです。

いまの銀行の現状を省みるとき、銀行も「ルネサンス」（再生）が必要であると考えます。それは、銀行が「不易」なるものの考え方を再生することを意味します。

銀行は信用秩序を維持するリーダーたる存在であるべきです。しかし、いまの銀行は、「信用の維持」よりも「収益の増強」を大事にしているように思えます。「収益を得る」ことは銀行も私企業であることから、そのこと自体に疑問を呈しているわけではありません。筆者が問題視することは収益を得る方法と、それを行っている銀行員の道徳倫理感にあります。特に、貸出業務においてその傾向が顕著であるように思います。

そのことによって、銀行の経済社会における存立基盤であるべき「信用」と「信頼」が大きく揺らいでいることを、銀行自身はどれほど認識しているでしょうか。この問題は、収益があがる、あがらないということより深刻な問題であると考えるべきですが、はたして、銀行はそれを危機としてとらえているでしょうか。ゆでガエル状態の銀行員は、そんな危機感は感じていないかもしれません。

成果主義と収益至上主義に基づく銀行の行動規範は、中世ヨーロッパにおけるキリスト教的世界観のごとき存在になっていて、そのことに疑問を呈したり、批判したりすることはできない雰

囲気にあるようです。心ある銀行員は、日々の業務を通して、「こんなことをして構わないのかな」とか、「このままで良いのかな」という思いがあり、変革の必要性を痛感していながら、それを言い出す勇気を出せないもどかしさを感じて、毎日を過ごしているように思えます。あたかもローマ教会が教えるキリスト教的世界観のような壁を乗り越えることができないでいる実態があるように感じます。

銀行は、本来の銀行のあるべき姿に立ち返り、真に「顧客第一」「顧客満足」を実践し、業務遂行における行動も道徳倫理観をもち、経済社会から信認を受ける存在に「再生」しなければならないと考えます。

銀行は、信用という質の問題を、残高や収益額の量（数字）で解決することはできないことを知るべきです。銀行は、自己の収益確保のために利己的に振る舞うのではなく、経済社会の発展のために金融の円滑化という側面で利他的に行動することで、自らの存在意義と価値観があることを再認識するべきです。経済社会における主役は実体経済です。銀行は実体経済を黒子として支え、生産企業・販売企業等の事業経営を脇役（あるいは参謀）として手伝う役割であるべきです。

あとがき

昨年、『半沢直樹』のＴＶドラマがヒットしました。主人公の半沢直樹について、銀行員であるあなたは、「あのドラマは現実的ではない」と思いながらも、自らの経験等に照らし合わせてさまざまな見方をしたと思います。一方、銀行員ではない一般の人たちの多くは、「銀行ってあんなことをしているの？」と思ってみていたかもしれません。このＴＶドラマを観たご家族や友人から、「あなたは銀行で半沢直樹のように上司に正論を言っているの？」と聞かれた銀行員もいるのではないかと思います。聞かれないまでにしても、半沢直樹という主人公の人物について、あるいはドラマのさまざまな場面に自分の姿を投影して、思うところ・感じるところが多かった銀行員も多くいたのではないかと思います。

原作者の池井戸潤氏は、週刊文春の対談において、「半沢直樹は正義の人ではない。清濁併せ呑んで、汚い手を使っても上に行く人。正義の人より、そんな悪漢のほうが、僕ははるかに魅力的だと思うんです」と語っています。また、週刊ダイヤモンドでは、「ぼくが描いているのは銀行を舞台にしたエンターテインメントです。銀行員の生態にリアリティーを求めているわけではなく人間ドラマとしてのリアリティーでしかない」と池井戸氏は述べています。

銀行員の目でドラマ『半沢直樹』を観るとき、「ありえない場面」がいくつもありました。一方、「ありえない場面」ですが、似たような現実の場面において、実際に「ありうる銀行員の姿（行動・発言）」をみることができました。

第一部の大阪西支店におけるあらすじは、支店長が貸付課長の半沢に対して、新規先に五億円の融資を命じ、半沢は財務内容に疑問をもちながらも稟議書を作成し、貸出を実行したところ、貸付先が倒産。その貸付は支店長と社長が仕組んだ計画倒産であり、貸出金のうち五〇〇〇万円が支店長にキックバックされていたという展開で、半沢一人にその罪が着せられ、半沢はその裏取引を暴き、支店長に倍返しして、五億円も回収するというものです。

筆者の経験から知りうる限り、このような犯罪絡みの不正はめったに起こりません。まして、その罪を一人の課長に背負わせるようなこともありえないと思います。しかし、担当者が疑問に感じやりたくない案件であっても支店長からの一方的な指示で行われる貸出は実際に銀行で行われています。また、借入申出先の財務内容に疑問を感じながらも、審査部に否認されないよう、リスクを伏せて稟議書を正直に書かない人もいます。取引先の社長とグルになってキックバックを求めるような犯罪絡みの融資はまずありえませんが、貸出先の社長と個人的に親密に付き合うことになり、情実で貸出をする支店長はいると思います。あるいは、自らの実績をあげるために、取引先が必要としない、また資金需要がないにもかかわらず借入れをお願いベースで頼み込

む銀行員は数多くいます。

第二部は、多額な運用損失を出した貸出先を担当した半沢が、同社が金融庁の資産査定検査で分類されないように頑張る姿が描かれています。その過程と背景には、合併した旧行間の対立・確執、責任のなすりつけ合いや不正融資を暴くというストーリーが展開されています。ここで大和田常務は、半沢が担当した貸出先が金融庁検査で分類されれば、銀行が多額の引当金を積む事態になり、その経営責任を現頭取がとって辞任すれば、自分が頭取の座をねらえるという野望から、金融庁検査を乗り切ろうとする半沢を妨害します。しかし、大和田常務の妻が経営する会社への転貸融資を行っていることを暴かれ、結果、取締役会で土下座することになります。

取締役会に次長である半沢が出席し、取締役全員に対して大和田常務を弾劾し、頭取の前で上司である大和田常務を土下座させるという「ありえない場面」がありました。一方、第二部でも「ありうる銀行員の姿」がみられました。それは「行内ポリティクス」といわれるような派閥対立です。派閥といえないにしても、合併前の旧行意識により対立、同じ銀行内でも立場や考え方の違いなどから部門間対立や個人的不和による内輪もめはどこの銀行にもあると思います。有体にいえば、社会正義や取引先のことを第一に考えることより、自分の直接の上司や、権力・権限をもつ上役の顔色をうかがいながら発言し行動する銀行員の姿はどの銀行においてもありうると思います。

半沢は金融庁検査を乗り切るために、金融庁にみつかると都合が悪い資料を段ボール箱に隠し、「疎開させる」という行為をしました。これは事実を隠蔽する行為で、検査忌避という法律に違反する行為です。その意味で、半沢は明らかなコンプライアンス違反を行っています。逆に、大和田常務がその段ボール箱を見つけ出そうとする行為は非難されるものではなく、コンプライアンス遵守の行動といえます。実際、金融庁検査において、「ヤバファイル」（ヤバイ資料の意味）といわれる隠した資料が、内部告発によって発見され、金融庁から「組織的な隠蔽工作」として断罪された銀行がありました。

ドラマ『半沢直樹』を銀行員としてみるとき、ファンタジーのドラマとしてみて、「こんなことは現実にはありえない」と見過ごし、半沢を上司に抵抗する正義感あふれる者としてとらえてみるだけではいけないと思います。ドラマにおいて「ありうる」場面において、自分であったらどのように考え、どのように行動するか……を自ら問うことが大事であるように思います。それは、「人間ドラマとしてのリアリティー」として描かれた半沢直樹に、銀行員である自分の姿を投影して考えたとき、半沢と自分とは何が違うのか、半沢にあこがれる自分には何が足りないのか、等々について考えることにつながると思うからです。

筆者も約三〇年間銀行に勤めました。本部経験も長く、支店長も三場所経験しました。また、この数年間に三〇数行の地銀・第二地銀において貸出業務の研修講師の仕事を行ってきた経験か

らも、地域金融機関のさまざまな銀行員の姿をみてきました。筆者の実体験および研修講師としてみてきたいまの銀行員の生の姿は、「長いものに巻かれろ」という格言に従っている人が多いと感じています。銀行や上司の行動に不正義や不誠実にみえたときがあっても目をつぶり、気づかないふりをして、批判的発言は行わないことが無難であると知っているからです。本部では、行内ポリティクスに巻き込まれないためにノンポリを標榜するなど、仕事上ではなく、組織人として悩んでいる者もいます。

現場では、本部の施策や支店長の指示等に疑問や異論を感じても、大きく騒ぐことなく我慢している銀行員が多くいます。そのような人たちは、銀行員という職業、あるいは自らの人生に満足しているのでしょうか。銀行の仕事に生きがい、やりがいを感じているのでしょうか。

正論を言い、正義を貫き、仕事に生きがいとやりがいを感じてこそ、銀行員である自分を誇りに思い、生きる喜びを感じるはずです。銀行員であるあなたは、自らの職務に「矜持」をもっていると、自信をもって言えますか。

銀行員の多くは、いまの仕事のやり方に疑問をもち、評価尺度に不満をもち、行内改革の必要性を感じながらも、組織の呪縛を意識して有効な動き方ができないでいると思います。半沢直樹のように、パワハラが放つ腐臭に対して立ち向かって物申す者が注目され、そういう半沢に心のなかで拍手と声援を送る人は、銀行員である自分にはできないことを半沢の行動にみることがで

きるからではないでしょうか。

銀行員の一人ひとりが、「当行はこのままいったら大変なことになる。いまだったら、まだ何とかなる」という思いで、自己改革に取り組むことが「銀行ルネサンス」の原点になります。そのための出発点は、いま、与えられている仕事に深い関心をもち、仕事を好きになり、その仕事を行う意味を考え、顧客とのかかわりのなかで仕事の本質をとらえ、必要知識・関連知識を幅広く・深く勉強することから始めます。その仕事に関しては、どのような議論にも負けないほどの専門家になり、実務を熟知し経験を積むことで、問題を発見し、解決策について正論をもって自説が言えるまでになることが大事です。自分に与えられた仕事に対する遂行能力がプロ水準に至っていない者が、感情的に物申しても、説得力はありません。

「いま、何がしたいか」という願望だけを言う前に、「いま、何をしなければならないか」を自分に問いかけてみてください。銀行員は、組織の一員として、「しなければいけないこと」を優先し、上記のように強い意志をもって、一つひとつの仕事を完璧に身につける努力をしなければいけません。また、「してはいけないこと」は、「したくてもしない」という強い意志をもたなければいけません。このような考え方ができれば、「言いたくても、言ってはいけない言葉は言わない」「言う場合は、タイミングと言葉を選ぶ」というように、バランス感覚が身につきます。

再び、日産自動車のルネッサンスについて書きます。

本書の「はじめに」において、日産自動車のカルロス・ゴーン著『ルネッサンス―再生への挑戦』で、同社のリバイバルプランは、経営の中心に社員を引き戻すことからルネッサンスの幕は開いたという文章を紹介しました。

本書「あとがき」では、同書のエピローグでゴーン氏が書いている文章を紹介します。

「死に瀕すれば、生活を大幅に改善し、生きることにとって重要なことと些細なことをはっきりと見抜くことができるようになる。日産の人々はまさにそのプロセスを歩んだ。彼らは生き延びるために必要なことを見抜き、重要なことと些細なことを区別し、一連の優先順位を確立した。」（同書二六二頁）

「私のやり方について、外部のさまざまな人々から批判が寄せられた。「ここは日本なんだ。日本のやり方をしろ」と。だが、これは文化の相違の問題ではない。本来の任務を遂行することは、ビジネスとしてまっとうな考え方だ。（略）損失を抱え、マーケットシェアが着実に減少している会社は基本に戻らなければならない。私たちは正しいマネジメントの基本に立ち返ることにした。」（同書二六四頁）

銀行ルネサンスは、現状に対する認識において危機感をどれほど感じているかがポイントになります。筆者は、銀行員が「ゆでガエルシンドローム」に陥って、危機感を感じていないことを懸念しています。

当行の経営において何が問題なのか、どれほど深刻な状況なのか、このままいくとどうなるのか、改革は必要なのか……ということに無関心の人も多くいると思います。そのような人は、ゆであがって死ぬ前に、早く桶から出て、現実を直視し、不都合な事実をみて、冷めた頭で考えてください。当行にルネサンスは必要であるか否かを……。

最後に筆者が暗唱している大好きな芝居の台詞を紹介したいと思います。

松本幸四郎主演の「ラ・マンチャの男」において、セルバンテスはこう言います。「現実のみを追って夢を持たぬものも狂気かも知れぬ。だが一番憎むべき狂気とは、あるがままの人生にただ折り合いをつけてしまって、あるべき姿のために戦わないことだ。」

そして、主題歌「見果てぬ夢」の歌詞は、「夢は実りがたく、敵は数多《あまた》なりとも、胸に悲しみを秘めて、我は勇み行かん……」と歌われます。

筆者は、この台詞と歌詞を聴くと体に熱き血潮がみなぎってきます。読者の皆さんには、本書をきっかけに、「あるべき姿のために……、我は勇み行かん……」と、銀行ルネサンスの必要性について真剣に考えてもらいたいと思います。

〔著者略歴〕

吉田　重雄（よしだ　しげお）

1950年東京生まれ。

1973年早稲田大学政治経済学部卒業、同年三菱銀行入行。板橋支店長、融資第一部次長、融資第二部次長、仙台支店長、秋葉原支店長を経て、2001年6月東京三菱銀行を退職。

著書に『事例に学ぶ貸出判断の勘所』『事例に学ぶ貸出先実態把握の勘所』『事例に学ぶ貸出担当者育成の勘所』『貸出業務の王道』『貸出業務の信質《しんしつ》』『事例に学ぶ貸出業務の基本を教えるOJTの勘所』（以上、金融財政事情研究会）がある。

銀行ルネサンス

平成26年8月15日　第1刷発行

著　者　吉　田　重　雄
発行者　小　田　　　徹
印刷所　図書印刷株式会社

〒160-8520　東京都新宿区南元町19
発　行　所　**一般社団法人 金融財政事情研究会**
編　集　部　TEL 03(3355)2251　FAX 03(3357)7416
販　　　売　**株式会社 き ん ざ い**
販売受付　TEL 03(3358)2891　FAX 03(3358)0037
URL http://www.kinzai.jp/

ISBN978-4-322-12581-8